집밥이 재테크다

집밥이 재테크다

김미진 지음

체인지업
CHANGEUP

Prologue

신혼 초부터 요리에 관심이 많아 아이디어가 담긴 요리를 개발하는 재미에 빠져 있었어요. 그때그때 맛이 다른 요리들을 맛있는 레시피 그대로 기록해보면 어떻겠느냐는 남편의 권유로 우연히 블로그를 시작했습니다. 그 후로 10년이라는 시간이 흘렀고 이젠 많은 분들에게 요리를 소개해드릴 수 있는 사람이 되었습니다.

오랜 시간 블로그에 집밥을 소개하면서 언젠가 '집밥의 정석' 같은 책 한 권을 내고 싶다는 생각을 했습니다. 그때 출판사 체인지업을 만나게 되었어요.

책을 집필하기 전, 저는 대학교와 문화센터의 쿠킹 클래스를 준비하고 있었어요. 그러나 코로나로 인해 수업이 연기되면서 저에게도 변화가 필요한 순간이 왔습니다. 언택트 시대의 변화와 흐름에 맞게 온라인 클래스를 준비해야 하는 때라는 생각에 온라인 요리 강의 준비를 시작하던 즈음 이 책의 집필이 시작되었던 거죠.

이 책에는 온라인 클래스로 전하고 싶었던 집밥 레시피들을 알뜰살뜰 담았습니다. 평소 요리를 손 놓고 계시던 분들도 집콕집밥 시대를 맞이하면서 삼시

세끼 밥 먹고 사는 일이 제일 중요한 일이 되었어요. 먹고사는 일이 그 어느 때보다도 중요해진 지금, 비대면으로 전하는 알찬 집밥 레시피들을 만나보세요.

이 책의 Part1은 한 가지 요리 또는 재료를 활용해 두세 가지 요리를 할 수 있도록 구성해 보았어요. 같은 재료라도 다른 요리가 가능하다는 것, 또 다양하게 변형하며 요리가 줄 수 있는 즐거움을 동시에 알려드리고 싶었답니다.

Part2, 3, 4는 '집밥의 정석'이 될 만한 요리들을 담았어요. 참고하셔서 일주일 식단을 미리 계획하고 장을 보시면 가성비 좋고 질 좋은 밥상을 차리실 수 있어요. 평소엔 국이나 찌개, 반찬 파트 메뉴들을 적극적으로 활용하시고 일주일에 한두 번은 반찬 없는 간단한 한 그릇 메뉴로 구성해보세요.

주말마다 외식과 배달음식에 지친 분들은 Part5의 주말 별식 요리들을 적극 활용해보시면 일주일 동안 매끼 알찬 집밥을 만나실 수 있으실 겁니다. 마지막 Part6에서는 계절을 느낄 수 있는 디저트들을 맛보시면서 제철마다 맛이 깊어지는 식재료들로 소소하지만 확실한 행복을 느껴 보셨으면 좋겠습니다.

"집밥은 재테크다"라는 이 책의 제목은 여러 의미를 담고 있습니다. 매끼 맛있고 건강하게 챙겨 먹는 집밥은 건강 재테크가 될 수 있죠. 알뜰하게 구입한 재료를 다양하게 활용하여 만들 수 있다면 금전 재테크가 될 거예요. 매일 오늘 무엇을 먹을지 고민하고, 검색해보고, 거기에 더해 맛있고 새로운 요리까지 찾고 있는 분들에겐 다른 레시피를 더 찾아볼 필요가 없으니 시간 재테크가 될 것입니다. 마지막으로 그 레시피로 식탁이 즐겁다면 행복 재테크가 될 것입니다. 이 책의 요리가 여러분에게 가성비와 시간, 건강과 행복 모두를 선물해 드릴 수 있을 거예요.

타고난 손맛이 없어도 알려드린 레시피 그대로 만드시면 누구나 쉽게 성공하실 수 있을 거예요. 이 요리책이 주방 어느 한 켠에서 여러분의 오랜 친구 같은 존재가 되길 바랍니다. 더불어 이 책을 만난 독자분들이 세상 어디에서라도 맛있게, 따뜻하고 건강한 집밥을 드실 수 있기를 기도합니다.

2020년 12월 20일
MJ 김미진

CONTENTS

Part4 반찬 메뉴 26가지

Part5 ## 주말 별식 12가지

Part6 ## 디저트 9가지

  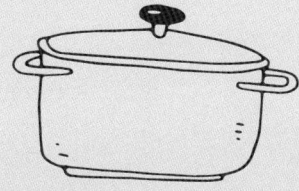 

Intro

레시피 계량 가이드

채소 계량

애호박
1/2개 약 150g

양파
1/2개 약 100g

무
1토막 150g

당근
1/2개 약 100g

감자
1개 120g

밥숟가락 계량

이 책에서 1큰술은 밥숟가락 기준입니다. 계량 숟가락을 사용해서 계량할 경우 1큰술은 15ml입니다.

	1큰술	1/2큰술	1/3큰술
설탕			
간장			
된장			

찻숟가락 계량

이 책에서 1작은술은 찻숟가락 기준입니다. 계량 숟가락을 사용해서 계량할 경우 1작은술은 5ml입니다.

| 간장 | 설탕 | 된장 |

종이컵 계량

액체		설탕	
1컵 약 180 ml	1/2컵 약 90ml	1컵 약 160g	1/2컵 약 80g

레 시 피 불 조 절 가 이 드

전자레인지의 경우 불세기는 냄비 바닥과 불 사이의 간격을 기준으로 조절합니다. 인덕션은 아래의 통상적인 불단계를 참고해주세요. 가정마다 화력과 불단계는 다를 수 있으니 레시피에 적힌 상태에 따라 불을 잘 조절하세요.

 **인덕션 단계 알려주기**

센불 13~14단계   **중불** 7~8단계   **약불** 3~4단계

불 조절법

조림: 센불로 조리다 끓기 시작하면 중약불로 조려주세요. 양념이 자작해지면 마지막에 다시 센불로 올립니다.
국·찌개·탕: 센불로 끓이다 끓어오르면 중약불로 끓입니다.
볶기: 센불로 프라이팬을 달구고 재료를 넣은 뒤 중불로 줄입니다.
굽기: 센불로 프라이팬을 달구고 재료를 넣은 뒤 중약불로 줄입니다.

레시피에 자주 등장하는 육수와 재료

다시마육수

> **재료** 물 1.2~1.5L, 다시마 4cmX4cm 2장

다시마는 찬물에서 감칠맛이 더 잘 우러나요. 면보나 키친타월을 이용해 가볍게 닦은 뒤 물에 넣어주세요. 요리하기 최소 3~4시간 전 미리 넣어두면 좋고 국물 요리를 자주 만드는 계절엔 전날 밤 다시마육수를 만들어 냉장고에 넣어두면 좋습니다. 건표고버섯을 더해서 우려내도 좋아요. 끓여서 육수를 낼 경우 물이 끓고 3~4분 후 다시마를 건져내세요.

멸치다시마육수

> **재료** 물 1.5~1.6L, 멸치 12마리, 4cmX4cm 다시마 2장

1. 멸치는 내장을 제거해야 쓴맛 없는 깔끔한 육수를 낼 수 있어요.

2. 마른 프라이팬에 올려 1~2분간 볶아 비린내를 날립니다. 비린내가 날아가고 구수한 향이 나면 물과 다시마를 넣어주고 약불로 끓입니다.

3. 물이 끓어오르면 3~4분 후 다시마를 먼저 건져내고 멸치는 6~7분간 더 우려냅니다.

4. 면보나 체를 이용해 멸치를 걸러줍니다.

더 맛있는 디포리육수

멸치다시마육수를 만든 후에 더 깊고 진한 육수 맛을 느끼고 싶다면 대파, 디포리, 양파, 새우를 넣어주세요. 감칠맛이 잘 우러나도록 10분 정도 충분히 끓여주고 건져줍니다.

새우가루

새우가루는 여러 요리에 더해 감칠맛을 살려주는 양념재료예요. 김치를 담을 때 넣어주면 숙성되면서 감칠맛을 살려주고 전을 만들때 넣어주면 바삭함을 더해줘요. 국이나 찌개에 조금 더하면 깊은 맛이 나고 나물 무칠 때도 활용이 가능한 양념재료입니다.

1. 마른 프라이팬에 준비한 새우를 약 1분간 볶아줍니다.

2. 볶은 뒤 식고 나면 믹서에 곱게 갈아주세요.

3. 병에 담아 두고 사용합니다.

재료 손질과 보관 꿀팁

양파 손질 및 보관법

양파를 손질할 때 껍질은 따로 모아두었다 육수 낼 때 사용하면 좋아요. 껍질을 깐 양파는 세척했다면 키친타월로 겉면 물기를 닦아주세요. 그 다음 랩을 이용해 공기가 들어가지 않도록 밀착시켜 위생백에 넣어 냉장고에 보관합니다. 약 2주간 보관이 가능해요.

감자 보관법

대량으로 구매한 경우 썩은 감자는 골라내고 신문지에 올려 하루 바짝 말려줍니다. 이후 통풍이 잘 되고 햇빛이 들지 않는 서늘한 곳에 보관합니다. 구멍이 있는 상자에 넣고 보관하는 방법도 좋아요. 수분이 많으면 싹이 나기 때문에 통풍이 되는 상자에 넣고 윗면을 덮어 보관합니다. 또 다른 방법은 하나씩 신문지를 싸서 보관하는 거예요. 꿀팁 하나 더 드리면, 사과 하나를 함께 보관하면 감자 싹이 나는 것을 막아줍니다.

두부 보관법

요리에 사용하고 남은 두부는 용기를 준비해 소금 2~3꼬집을 풀어 물에 담아둡니다. 간수 역할을 해주기 때문에 조금 더 오래 보관할 수 있어요. 중간에 물을 갈아주시면 일주일까지 가능합니다. 유통기한이 임박한 두부는 버리지 마시고 냉동 보관하세요. 해동하면서 수분이 나가 질감이 쫄깃해져 찌개류에 넣어먹으면 맛있습니다.

양배추 손질 및 보관법

양배추 큰 통을 구매했을 땐 4등분하고 두꺼운 줄기가 있다면 칼로 제거해주세요. 그 다음 심지 부분을 잘라줍니다. 물에 적신 키친타월 2~3장을 겹쳐 준비하고 단면을 잘 감싸주세요. 랩에 꼼꼼하게 싸서 냉장보관하면 금방 상하지 않아요.

숙주&콩나물 보관법

숙주와 콩나물의 유통기한이 얼마 남지 않았다면 넉넉한 사이즈의 용기를 준비하고, 숙주와 콩나물이 잠길 정도의 물을 부어줍니다. 이틀에 한 번 정도 물을 갈아주면 유통기한을 4~5일 더 연장할 수 있어요.

밤 보관법

팔팔 끓는 물 2.5L 정도를 준비하고 굵은 소금 2~3큰술을 풀어 소금물을 만들어요. 소금이 녹으면 세척한 밤을 넣어줍니다. 2시간 정도 후 상태가 좋지 않은 밤은 둥둥 뜨고 물 아래로 이물질들이 가라앉을 거예요. 물 위로 뜬 밤은 건져내고 지퍼백을 준비해 가위로 숨구멍을 만들어 밤을 소분해 넣어줍니다. 1회 먹을 분량씩 소분해 김치냉장고나 저온 냉장고에 보관하면 3~4개월 정도 보관이 가능해요.

연근 보관법

연근조림을 자주 만든다면 넉넉한 양의 연근을 미리 한 번에 준비해두세요. 35~40분 간 삶고 소분하여 요리하기 전 미리 해동해서 조림을 만들면 훨씬 수월합니다.

소불고기 소분 및 보관법

소불고기는 200g씩 소분해 넣어두고 조리에 필요한 분량만큼 꺼내어 해동한 후 사용하면 편리합니다. 해동 후 키친타월 위에 올려 핏물을 빼준 뒤 요리에 사용하세요.

알면 알수록 더 맛있어지는 양념 이야기

간장

간장은 양조간장, 진간장, 왜간장(국간장)이 있어요. 레시피에 간장이라 적혀 있는 건 양조간장 또는 진간장을 사용하시면 됩니다. 양조간장은 열을 가하면 맛이 조금 달라지지만 진간장은 열을 가해도 맛과 향이 변하지 않아요. 열을 가하는 양념엔 진간장을 사용하는 것이 좋고 무침이나 장아찌류에 사용하는 간장은 양조간장이 좋습니다.

참치액젓

감칠맛을 주는 젓갈이라 요리에 많이 사용합니다. 이 책에도 자주 등장하는 재료로 가쓰오부시 숙성액이 들어가 있어 감칠맛을 높여줘요. 간을 더할 때 소금, 간장과 함께 사용하면 맛을 훨씬 좋게 해주기 때문에 꼭 하나 구비해두는 쪽을 추천합니다. 찌개 종류를 만들 때 참치액젓이 없다면 멸치액젓으로 대체해도 감칠맛이 좋아져요.

굴소스

굴을 발효시켜 만든 양념이에요. 간장보다 염도가 높으니 간장 1큰술 대신 사용하실 땐 굴소스는 2/3큰술 정도로 줄이셔야 합니다.

두반장

두반장은 중국식 된장 고추로 만든 양념이에요. 만약 두반장이 없다면 고추장과 된장 같은 비율로 섞어 만들 수 있지만 두반장이 주양념이 되는 요리는 두반장을 사용하시면 좋습니다.

맛술과 청주

청주는 잡내 제거용으로 사용하는 재료예요. 맛술은 청주를 끓여 알코올을 날린 상태를 말해요. 포도당 성분을 넣어 만들어서 청주에 비해 단맛이 있어요. 고기 요리 잡내 제거를 위한 용도라면 청주가 더 좋습니다. 요리 양념에 자주 쓰이는 건 맛술이에요.

설탕

레시피에 나오는 설탕은 크게 백설탕, 황설탕, 흑설탕이 있어요. 백설탕은 뒷맛이 깔끔해 요리에 많이 사용하고 황설탕은 특유 풍미가 있어 베이킹에 많이 사용해요. 건강한 단맛을 고르고 싶다면 색깔을 따지는 것보다 비정제 설탕을 사용하시는 것이 좋습니다.

소금

천일염(굵은 소금)은 젓갈이나 김치, 된장, 고추장 같이 장류를 담을 때 써요. 꽃소금은 천일염을 깨끗한 물에 녹여 불순물을 제거한 뒤 다시 가열하여 결정시킨 소금으로 국이나 찌개 간을 맞출 때 쓰면 좋습니다. 구운 소금은 천일염을 고온에서 볶거나 구워 만든 소금으로 더 부드러운 맛이 나고 짠맛이 덜해서 조림, 무침, 생채 등에 두루 사용하실 수 있어요.

된장

레시피에서 사용된 된장은 모두 시판 된장입니다. 시판 된장을 고르실 땐 탈지대두 혹은 대두박이 아닌 대두가 원료인 것이 좋습니다. 대두와 고춧가루 성분은 국내산이 좋고 보존료와 향미증진제가 없는 것이 좋습니다. 집된장을 사용하실 경우 시판 보다 염도가 높으니 이 부분을 염두해두세요. 마트용 개량 된장 혹은 무침용 집된장은 찌개나 국에 사용하면 좋아요. 집된장만 사용하면 다소 무거운 맛이 나는데 그럴 땐 개량 된장과 비슷한 비율로 섞어주세요.

고추장

책에 사용한 고추장은 시판 고추장입니다. 시판 고추장을 고를 땐 태양초 함유량이 높거나 고춧가루 함량이 높은 것이 좋습니다. 항미증진제가 적게 첨가된 것이 좋아요. 물엿보다는 올리고당, 꿀이나 조청은 더 좋습니다.

조청/올리고당/물엿/꿀

꿀이나 올리고당은 열을 가하지 않는 요리에 사용하는 것이 좋습니다. 조청과 물엿은 열을 가하는 요리에 사용하는 것이 좋아요. 조청은 쌀과 엿기름 베이스로 만들고 물엿은 옥수수전분을 졸여 만들어요. 조금 더 건강한 단맛을 내시려면 조청이 좋습니다.

Q&A 이 책을 200% 활용하기 위한 지침

Q1. 어떤 간장을 써야 할까요?

이 책에서 나오는 '간장'은 진간장 또는 양조간장 중 하나를 선택하여 사용하시면 됩니다. 용도에 따라 구분해서 사용하면 좋겠지만 둘 중 하나만 구비해두고 사용해도 무방해요. 국간장을 사용해야 할 경우는 '국간장'이라고 표기해 두었어요. 양념에 대한 자세한 설명이 궁금하다면 <알면 알수록 더 맛있어지는 양념 이야기>를 참고하세요.

Q2. 액젓은 어떤 것을 써야 하죠?

액젓은 국이나 찌개 요리에 깊은 감칠맛을 주기 위해 사용합니다. 이 책에서는 주로 참치액젓과 멸치액젓을 사용했어요. 두 가지 모두 구비하면 좋지만 없을 경우 둘 중 하나를 선택해서 사용하세요. 레시피에서 둘 다 써도 무방한 것은 액젓, 더 맛있게 먹을 수 있을 때는 재료명을 표기했어요. 그러나 재료가 없다면 대체해서 써도 좋아요. 자세한 설명이 궁금하다면 <알면 알수록 더 맛있어지는 양념 이야기>를 참고하세요.

Q3. 계량도구가 없어도 되나요?

저울이 없으신 분들, 간단히 요리하고 싶은 분들을 위해 이 책은 집에서 손쉽게 할 수 있는 계량법을 표기했어요. 1컵은 종이컵 기준, 1큰술은 밥숟가락 기준, 1줌은 50g으로 하여 손으로 자연스럽게 쥐어 계량하시면 됩니다. 정확한 요리를 재현하시려면 전자 저울 하나를 구비해 활용하세요.

Q4. MJ의 한 끗은 무엇인가요?

MJ의 한 끗은 더 맛있게 만들 수 있는 비법, 대체 가능한 방법 등 MJ만의 꿀팁을 담았어요. 한 끗에 적힌 꿀팁을 꼼꼼하게 읽으시고 요리에 적극 활용하세요.

Q5. 레시피 분량을 조절하고 싶어요!

재료는 2배, 양념은 약 1.8배로 잡고 만드세요. 4인분을 2인분으로 줄이고 싶다면 재료는 반으로 줄이고 양념은 약 40%로 줄여요.

Part1

1석 2조 레시피 28가지

하나의 요리 레시피를 소개하고
그 요리에 몇 가지 조리과정을 더해 새로운 요리를 만들어보거나,
한 가지 주재료로 다양한 요리를 만들 수 있는 레시피들을 소개합니다.

국물 촉촉 소불고기

밥에 듬뿍 올려 먹으면 꿀맛인 국물 촉촉 소불고기예요. 아이 어른 할 것 없이 누구나 좋아하는 맛입니다. 냉동실에 소불고기를 소분해두고 반찬 없는 날 해동한 뒤 만들어 먹어보세요. 소불고기에 장아찌, 김치만 있어도 맛있는 밥상이 완성돼요.

난이도	★★★☆☆
분량	2~3인분
조리시간	20분 (+고기 재우는 시간 30분)

준비하기

기본재료

소불고기 400g
간양파 2큰술
간사과(또는 배) 2큰술
대파 20cm
당근 1/5개
양파 1/4개
표고버섯 2개
물 1/2컵(90ml)
후춧가루 약간
식용유 1큰술

양념재료

간장 5.5큰술
설탕 2큰술
맛술 2큰술
매실청 1큰술
참기름 1큰술
다진 마늘 1큰술

**MJ의
한 끗**

고기를 부드럽게 하기 위해 양파와 사과를 사용했습니다. 키위를 사용하기도 하는데 키위는 연육 작용이 강해 식감을 너무 부드럽게 하는 단점이 있으니 참고하세요. 냉동실에서 꺼내어 해동하실 땐 봉지째 찬물에 담가 두시거나 전날 미리 냉장고에 넣어서 해동하세요.

1 소불고기 400g은 키친타월로 핏물을 제거해줍니다. 간양파와 간사과를 각 2큰술씩 넣어 버무려줍니다.

30분 정도 고기가 재워지는 시간을 두고 볶아주시면 좋습니다.

2 양념재료를 넣고 분량에 맞게 버무려 준비해줍니다.

3 당근 1/5개, 양파 1/4개, 표고버섯 2개는 채썰고 대파 20cm는 어슷썰어 준비해줍니다.

4 프라이팬에 식용유 1큰술 두르고 센불로 밑간한 고기를 익힙니다. 한 면을 어느정도 익히고 뒤집어줍니다.

5 준비한 채소를 넣고 함께 볶습니다. 잘 섞이면 물 90ml를 넣어주세요.

6 고기와 채소에서 나온 육수가 잘 섞이도록 볶아줍니다. 후춧가루를 약간 더해 마무리해줍니다.

23

타코

토르티야에 다양한 재료를 올려 먹는 멕시코 전통 요리를 '타코'라고 합니다. 우리 입맛에 잘 맞는 요리라 좋아하시는 분들이 많아요. 이번 레시피는 사워 크림 대신 시판 플레인 요거트를 사용한 것이 특징이에요. 간단하게 만드는 방법을 알려드릴 테니 맛있게 즐겨보세요.

난이도	★★★☆☆
분량	2~3인분
조리시간	30~40분

준비하기

기본재료

또띠아 6장
식용유 1큰술
슬라이스 치즈 3장
채소 샐러드 200g
방울토마토 24개
양파 1/2개
불고기 300g

불고기 밑간

간장 1.5큰술
설탕 1.5큰술
맛술 2큰술
스위트 칠리소스 3큰술
다진 마늘 1큰술
참기름 1큰술
후춧가루 약간

요거트소스

시판 플레인 요거트 1통(85g)
레몬즙 1큰술

1 슬라이스 치즈 3장은 얇게 썰고 방울토마토 24개는 반으로 썰어줍니다. 양파 1/2개는 잘게 다져주세요.

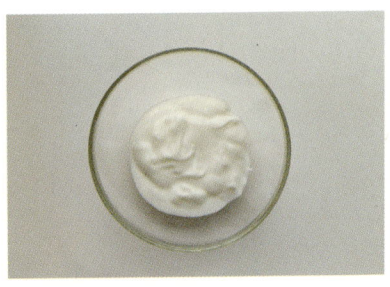

2 플레인 요거트 1통에 레몬즙 1큰술을 섞어 준비해요. TIP. 사워크림을 사용하면 더 맛있지만 요거트로 대신해도 충분해요.

3 채소 샐러드 200g은 차가운 물에 담근 후 물기를 빼주세요.

4 또띠아는 프라이팬에 중약불로 30초씩 앞뒤로 바삭하게 구워주세요.

MJ의 한 끗

타코 안에 과카몰리를 넣어 드셔도 좋습니다. 매콤하고 이색적인 맛을 더하고 싶다면 스리라차 소스를 함께 드세요.

5 불고기는 밑간 양념을 넣고 버무려줍니다. 프라이팬에 식용유 1큰술을 두르고 센불로 1분간 양파 1/2개를 볶다가 밑간한 불고기를 넣고 바짝 익혀줍니다. TIP. 타는 듯할 땐 물 1큰술을 더해요.

6 바삭한 또띠아 위에 앞장에서 소개한 촉촉한 불고기와 샐러드, 방울토마토, 치즈를 얹고 요거트소스를 올려주세요.

25

간장돼지불고기

매운 음식을 못 먹는 아이 덕분에 자주 만들어 먹는 요리입니다. 먹을 때마다
'정말 맛있다'를 외치게 돼요. 따끈한 밥 위에 올려 먹어도 꿀맛이고 쌈채소와
같이 먹어도 찰떡이죠.

난이도	★ ★ ★ ☆ ☆
분량	3인분
조리시간	20~30분 (+고기 재우는 시간 30분)

 준비하기

기본재료

돼지고기 600g
대파 1대
양파 1/4개
사과 1/8개
식용유 2큰술

양념재료

간장 7큰술
액젓 2/3큰술
설탕 3.5큰술
다진 마늘 1큰술
참기름 1큰술
후춧가루 약간

 MJ의
한 끗

고기는 돼지고기 앞다리 또는
뒷다리살 어떤 부위든 좋습니
다. 등심이나 목살 같은 부위
를 도톰하게 썰어 식감을 풍부
하게 느낄 수 있게 준비하셔도
좋아요. 식감이 도톰하면 돼지
갈비 같은 느낌이 난답니다.

1 대파 1대를 5cm 길이로 썰어줍니다.

2 양파 1/4개, 사과 1/8개, 대파 흰 부분 10cm를 믹서에 갈아주세요.

3 돼지고기 600g은 키친타월로 핏물을 제거해 준비합니다.

4 고기에 믹서로 간 재료와 양념재료를 넣고 잘 섞어 30분간 재워주세요.

5 프라이팬에 식용유 2큰술을 두르고 센불로 썰어둔 대파를 1분간 볶습니다.

6 양념에 재워 둔 고기를 넣고 볶아주세요. 센불로 한 면을 익힌 다음 뒷면을 충분히 익힙니다. 그 뒤 젓가락으로 섞어가며 볶아주면 됩니다.

분짜

동남아 음식을 좋아해 날이 더워지면 몇 가지 요리를 해먹곤 합니다. 그 중 하나가 분짜인데요. 곁들여 먹는 느억맘소스만 만들면 간단하게 즐길 수 있어요. 보통 '버미셀리'라 불리는 얇은 쌀국수를 올려 먹지만 구하기 어려운 경우, 소면이나 쌀국수 면으로 즐기셔도 좋답니다.

난이도 ★★★☆☆
분량 3~4인분
조리시간 20~30분 (+간장돼지불고기 재우는 시간 30분)

기본재료
버미셀리 2인분(소면 또는 쌀
국수면)
곁들일 채소 4줌(200g)

느억맘소스
다진 마늘 1큰술
청양고추 1개
홍고추 1/2개
설탕 3큰술
피쉬소스(까나리액젓 또는 멸
치액젓) 3큰술
물 10큰술
레몬즙(또는 라임즙) 1큰술

1 느억맘소스를 만들어줍니다.

2 곁들일 채소 4줌은 차가운 물에 담가 아
삭함을 살리고 다시 물기를 뺍니다.

3 버미셀리를 준비합니다. 버미셀리는 얇기
때문에 뜨거운 물에 3분 정도 삶아주면
됩니다. TIP. 소면과 쌀국수면의 경우 제품
뒷면의 표기 시간을 참고해주세요.

4 앞장에서 소개한 간장돼지불고기를 준비
합니다. 조리 과정 마지막에는 센불에 바
짝 볶아 접시에 담아주세요.

 MJ의
한 끗

앞장에 소개한 간장돼지불고
기를 그냥 볶아서 즐겨도 좋
지만 90% 익힌 후 에어프라
이어에 넣고 190도, 3~4분
정도 더 익히거나 토치를 이
용해 고기 겉면에 불을 가하
여도 불맛이 입혀져 더 맛있
게 즐기실 수 있어요. 냉동 군
만두를 튀겨 곁들여 드셔도
좋습니다.

마성의 새우볶음밥

반찬 없는 날 만들어 먹는 요리지만 만드는 과정을 조금만 달리하면 중국집 뺨치는 맛으로 변신합니다. 레시피 포인트는 고슬고슬한 밥과 수분이 적은 채소를 사용하는 거예요. 여기에 간장 소스를 끓여서 불맛을 더해주면 금상첨화가 따로 없답니다.

| 난이도 ★★★☆☆ |
| 분량 2인분 |
| 조리시간 20~30분 |

기본재료
밥 2공기
양파 1/3개
당근 1/4개
냉동 칵테일새우 2/3컵
대파 20cm
식용유 2.5큰술
계란 2개
버터 1큰술
굴소스 0.5~1큰술(기호에 맞게)

간장소스
간장 2큰술
맛술 2큰술
설탕 0.3큰술

1 양파 1/3개와 당근 1/4개는 다져주세요. 대파 20cm는 쫑쫑 썹니다. 냉동 칵테일 새우 2/3컵은 미리 물에 담가 해동하고 키친타월로 겉면의 물기를 제거합니다.

2 프라이팬에 식용유를 두르고 대파를 넣고 중약불로 1~1분 30초 정도 볶아 파기름을 냅니다.

> 햄이나 베이컨을 약간 더해도 좋습니다

3 파기름에 다진 양파와 당근을 넣고 센불로 2~3분간 볶아주세요. 채소가 익으면 밥과 새우를 넣고 센불로 2분간 볶습니다.

4 볶음밥을 옆으로 밀고 프라이팬을 기울여 간장 소스를 중불로 끓여주세요. 간장 타는 향기가 올라오면 밥과 섞어가며 센불로 30~40초 더 볶습니다.

> 팬을 기울여 계란만 익혀요

5 프라이팬에 계란을 넣어 스크램블을 만들어주세요. 스크램블이 어느 정도 익었을 때 볶음밥과 섞습니다. 부족한 간은 굴소스 0.5~1큰술을 더해주세요.

6 마지막으로 버터 1큰술을 넣고 버터가 녹으면 가볍게 20초간 섞고 불을 끄세요.

볶음밥 퀘사디아

새우볶음밥을 이용해서 만드는 퀘사디아예요. 바쁜 아침에 간단하게 만들어 먹을 수 있는 맛있는 요리예요. 한 끼 식사로도 손색이 없죠. 특히 우리집 아이가 정말 좋아하는 메뉴 중 하나죠. 집에서 먹고 남은 볶음밥으로도 만들기 좋으니 한 번 도전해보세요.

난이도	★★☆☆☆
분량	2인분
조리시간	15~20분 (+새우볶음밥 조리시간 20~30분)

기본재료
또띠아 2장
새우볶음밥 1/2공기
피자치즈 2/3컵
토마토 스파게티소스 1.5큰술

1 앞장에서 소개한 새우볶음밥을 준비해요.

2 또띠아에 토마토 스파게티소스 1.5큰술을
골고루 발라줍니다.

또띠아 끝 부분에
치즈를 올려주시면
모양이 잘 잡혀요.

3 또띠아 위에 볶음밥을 평평하게 펴주고
피자치즈를 골고루 올려주세요.

4 나머지 한 장의 또띠아를 덮어줍니다.

5 프라이팬에 약불로 또띠아를 앞뒤로 노릇
하게 구워줍니다. 8등분 또는 4등분으로
잘라서 드세요.

토마토떡볶이

파스타면 대신 떡볶이 떡을 넣은 토마토소스 떡볶이예요. 페페론치노나 베트남 건고추를 더하면 매콤한 맛을 낼 수 있어요. 물 대신 생크림이나 우유를 넣어주시면 부드러운 로제 맛으로 즐길 수 있어요.

난이도	★★★☆☆
분량	2~3인분
조리시간	20~30분

⏱ 준비하기

기본재료

떡볶이 떡 200g
올리브유 3큰술
프랑크 소시지(또는 베이컨) 2줄
아스파라거스 3줄(또는 브로
콜리 1줌)
새송이버섯 1/2개
양파 1/2개
노란 파프리카 1/4개
붉은 파프리카 1/4개
마늘 4알
페페론치노(또는 베트남 건고
추) 3~6개(기호에 따라)
토마토 스파게티소스 300ml
물(또는 우유나 생크림) 150ml

1 떡볶이 떡 200g은 말랑한 상태가 아닐
경우 뜨거운 물에 1분간 데칩니다.

2 소시지 2줄은 어슷썹니다. 아스파라거스
3줄은 4cm 길이로 썹니다. 마늘 4알은
편으로 썰어 준비하고 건고추는 기호대로
준비해요.

3 붉은 파프리카, 노란 파프리카 각 1/4씩
잘라줍니다. 양파 1/2개, 새송이버섯 1개
는 먹기 좋은 크기로 사방 썰기 합니다.

4 올리브유를 두르고 마늘과 건고추를 중약
불로 볶습니다.

5 먼저 양파를 넣고 30초간 볶습니다. 나머
지 재료들을 넣고 중약불로 30초 더 볶습
니다.

6 데친 떡과 토마토 스파게티소스 300ml와
물 150ml을 넣고 저어가며 중불로 4~5
분간 끓입니다.

**MJ의
한 끗**

먹고 남은 토마토떡볶이 소스
는 뒷장의 레시피의 에그인헬
을 만드는 데 활용하실 수 있
습니다.

에그인헬

계란이 마치 지옥불에 빠진 것 같다고 해서 붙여진 이름 '에그인헬'은 겨울에
먹기 좋은 따끈따끈한 요리죠. 앞서 소개한 토마토떡볶이를 즐기고 남은 소스
에 계란을 넣기만 하면 브런치 카페 부럽지 않은 비주얼의 에그인헬을 만들
수 있어요.

난이도	★☆☆☆☆
분량	2~3인분
조리시간	10분 (+토마토떡볶이 조리시 간 20~30분)

기본재료

계란 3~4개
바질 4장(생략가능)
구운 빵

1 앞장에서 소개한 토마토떡볶이에서 떡을 제외한 소스를 준비합니다.

2 떡볶이소스에 계란 3~4개를 넣어주세요.

소스가 타기
쉬우니 불조절에
유의하세요

3 뚜껑을 덮고 약불로 계란이 익도록 4분 정도 익혀줍니다. 불을 끄고 뚜껑 덮은 채로 잔열로 계란을 익혀주세요.

4 바삭하게 구운 빵을 에그인헬과 함께 즐기세요.

 MJ의
한 끗

든든한 한 끼나 홈파티용 음식으로도 좋습니다.

일본식 카레

카레는 셀 수 없을 정도로 많은 레시피가 있어요. 그중에서 일본식 카레는 재료를 갈아 걸쭉하게 만든 뒤 원하는 토핑을 올려 먹는 특징이 있답니다. 토핑으로 닭가슴살이나 새우, 소시지를 곁들여 먹어도 좋아요. 참고로 채소를 갈아 만들어 편식하는 아이들에게도 안성맞춤 요리입니다.

난이도	★★★☆☆
분량	3~4인분
조리시간	30~40분

기본재료
분말 카레 1봉
식용유 2큰술
양파 1개
당근 1/2개
나박썬 무 2줌(80g)
표고버섯 4개(생략 가능)
물 250ml
우유 300ml(또는 우유 200ml
+생크림 100ml)
버터 1큰술(선택)

새우 토핑 만들 때
냉동 새우 8~10마리
다진 마늘 1작은술
버터 1큰술
소금 약간
후춧가루 약간

1 양파 1개는 얇게 채썰어줍니다.

2 당근 1/2개, 나박썬 무 2줌, 표고버섯 4개는 도톰한 크기로 썰어주세요.

3 식용유를 두르고 양파를 10분 정도 볶습니다. 타는 듯하면 물을 조금씩 더해가며 약불로 볶아주세요.

> 풍미를 더하고 싶다면 식용유 대신 버터 한 조각을 넣어주세요.

4 냄비에 당근, 무, 표고버섯 등 준비한 채소를 넣고 2분 정도 가볍게 볶습니다. 이 때 식용유를 약간 더해 볶습니다.

5 물 250ml를 넣고 뚜껑을 덮습니다. 중약불로 6~7분 정도 채소가 익을 때까지 끓입니다.

6 다 익은 채소를 믹서나 블렌더로 곱게 갈아주세요. TIP. 믹서에 갈 때 우유를 미리 넣어 주면 온도가 빠르게 내려가요.

MJ의 한 끗

카레를 맛있게 만드는 포인트는 양파를 충분히 볶아 갈색 빛이 돌 때까지 캐러멜라이징을 하는거예요. 양파의 단맛을 가득 끌어올려 보세요. 이번 레시피에서는 무, 당근, 표고버섯 등을 더해 갈아 만들었지만 고구마, 우엉, 연근 같은 뿌리 채소를 함께 갈아도 좋답니다.

> 생크림이나 코코넛밀크를 추가하면 깊은 풍미를 낼 수 있어요.

7 우유 300ml와 카레가루를 풀고 2~3분 저어주고 불을 꺼줍니다.

8 원하는 토핑을 만들어 카레에 올립니다. 새우 토핑의 경우 프라이팬에 버터와 다진 마늘을 넣고 새우를 구워줍니다.

치킨카레 치즈그라탕

남은 카레를 이용해 간단하게 만들 수 있는 요리에요. 참고로 만들고 하루 지난 카레는 더 맛있어지는 건 꿀팁! 바삭바삭한 닭고기와 고소한 치즈를 가득 얹어 먹으면 맛은 물론 외식 분위기까지 낼 수 있는 색다른 요리예요.

난이도 ★★★☆☆	
분량 1〜2인분	
조리시간 20〜30분 (+고기 재우는 시간 30분)	

기본재료

남은 카레 1인분
닭가슴살 5~6조각(150g)
올리브유 4큰술
소금 2꼬집
후춧가루 약간
다진 대파 1큰술
다진 마늘 1큰술
부침가루(또는 밀가루) 2큰술
식용유 2.5큰술
피자치즈 1컵

요리하기 한시간 전 미리 냉장고에 재워 두면 좋아요.

1 닭가슴살에 소금 2꼬집을 골고루 뿌려 밑간을 하고 올리브유 4큰술, 후춧가루 약간, 다진 대파 1큰술, 다진 마늘 1큰술을 넣고 버무려줍니다.

2 프라이팬에 굽기 전 부침가루 2큰술을 골고루 버무려주세요.

3 프라이팬에 식용유를 두르고 닭고기를 노릇노릇하게 구워줍니다.

4 따끈한 밥 위에 앞장에서 소개한 카레와 구운 닭고기를 올려주세요. TIP. 집에 있는 카레를 사용하셔도 좋아요.

5 피자치즈를 듬뿍 올려주고 전자레인지에 3~4분 돌려주거나 오븐이나 에어프라이어로 190도에서 7~8분 익혀주세요.

41

치킨난반

마트에서 파는 냉동 치킨으로도 만들 수 있는 일본 가정식이에요. 만드는 과정
이 어렵지 않고 비주얼도 맛도 최고랍니다. 에어프라이어를 활용하셔서 요리
하시면 칼로리 부담을 덜 수 있는 건강한 한 끼 식사예요.

난이도	★★★☆☆
분량	3인분
조리시간	30~40분

준비하기

기본재료
냉동 순살치킨 15조각
소금 1작은술
식초 1큰술
물 3컵
계란 2개

타르타르소스
양파 1/4개
피클 6개
마요네즈 5큰술
머스타드 1큰술
레몬즙 1작은술
소금 1꼬집

간장소스
간장 2큰술
식초 2큰술
설탕 2큰술
맛술 2큰술

계란은 2~3시간 전 미리 상온에 꺼내 찬기를 없앱니다.

1 물 3컵, 소금 1작은술, 식초 1큰술을 넣고 계란을 넣어 8분 30초간 삶습니다.

2 간장, 식초, 설탕, 맛술을 각 2큰술씩 섞어 간장소스를 만들어주세요. 전자레인지에 30초 돌려 설탕을 녹여주세요.

3 피클 6개는 꼭 짜서 다져줍니다. 양파 1/4개는 잘게 다집니다.

4 타르타르소스를 만들어 줍니다.

5 냉동 순살치킨은 튀기거나 에어프라이어로 익혀주세요. TIP. 에어프라이어일 경우 180도에서 12~13분 조리해주세요.

6 준비해 둔 간장소스에 치킨을 찍어가며 적셔주세요.

7 마지막으로 치킨 위에 타르타르소스를 듬뿍 올려 주세요.

MJ의 한 끗

양파는 다지고 바로 사용하면 매운 맛이 강해요. 다지기 전 찬물에 20분 정도 담가 두거나 타르타르소스를 미리 만들어 냉장고에 넣었다 사용하면 매운 맛이 덜해져요.

치킨마요덮밥

아이들이 정말 좋아해 만들어주면 금세 한 그릇 뚝딱 해치우는 메뉴입니다. 치킨텐더를 쓰셔도 좋고 먹다 남은 프라이드 치킨을 쓰셔도 좋아요. 소스에 발사믹식초를 더하면 레스토랑에서 만든 요리처럼 고급스러운 맛이 난답니다.

난이도	★★☆☆☆
분량	2인분
조리시간	30~40분

준비하기

기본재료
식용유 1.5큰술
양파 1개
밥 2공기
계란 4개
우유 4큰술
마요네즈 1큰술

양파소스
간장 4큰술
맛술 3큰술
설탕(또는 올리고당) 1.5큰술
발사믹식초 1큰술
다진 마늘 0.5큰술

1 양파 1개는 얇게 채썰어주세요.

2 식용유나 올리브유를 1.5큰술 두르고 양파를 볶습니다. 중약불로 양파의 숨이 죽을 때까지 볶아주세요.

3 양파소스를 넣어 윤기가 돌 때까지 졸이다 불을 끕니다.

4 남은 치킨일 경우 전자레인지나 에어프라이어에 데워서 사용하세요. TIP. 에어프라이어로 조리할 경우 180도에서 12~13분 조리합니다.

5 계란 4개와 우유 4큰술을 섞어 스크램블을 준비합니다. 프라이팬에 계란물을 부어 스크램블하고 어느 정도 익으면 불을 끕니다. 잔열로 익히면 더 부드러워요.

6 따끈한 밥 위에 스크램블을 올리고 치킨과 양파소스를 올려줍니다. 마요네즈를 비닐에 넣고 이쑤시개로 구멍 낸 뒤 짜면 예쁜 모양을 낼 수 있어요.

MJ의 한 끗

발사믹 식초가 없다면 레몬즙이나 식초 1큰술을 곁들여보세요.

스팸양파덮밥

명절 때 선물로 많이 받는 스팸으로 간단히 만들 수 있는 덮밥이에요. 재료는 정말 단순하지만 만들고 나면 훌륭한 덮밥이 완성된답니다. 달콤한 풍미의 양파와 단짠한 스팸 그리고 매콤한 소스가 어우러진 맛있는 요리랍니다.

난이도	★★☆☆☆
분량	2인분
조리시간	20~30분

기본재료

식용유 2큰술
스팸 1캔(작은 사이즈 120g)
계란 1개
양파 2개
물 50ml
고춧가루 1큰술
간장 1큰술
올리고당 2/3큰술
참기름 1큰술
통깨 약간

1 스팸 1캔은 각 1cm 사방썰기 합니다. TIP. 뜨거운 물로 첨가물을 제거한 뒤 사용하시면 좋습니다.

2 양파 2개는 얇게 채썰어주세요.

3 프라이팬에 식용유를 두르고 양파를 잠시 볶은 후 물 50ml를 2~3번 나눠서 넣어주며 8~9분 충분히 볶아주세요.

4 볶은 양파에 고춧가루 1큰술을 넣은 뒤 20초간 볶아줍니다. 그 다음 스팸을 추가해 가볍게 섞습니다.

5 프라이팬 가장자리에 간장 1큰술과 올리고당 2/3큰술을 넣습니다. 소스가 끓으면 스팸양파볶음과 섞어주세요. 20초 더 볶고 불을 끕니다.

6 마무리로 참기름 1큰술과 통깨를 더합니다. 따끈한 밥 위에 올려 계란 프라이와 함께 즐기세요.

사천 짜파구리

앞장에서 소개한 덮밥 재료와 짜파구리의 만남. 별것 없어 보이지만 특별한 맛의 요리로 재탄생된답니다. 마치 사천짜장을 먹는 느낌이랄까요? 매콤하게 볶은 스팸 양파 볶음이 짜파구리의 느끼함을 확 잡아준답니다.

난이도	★★☆☆☆
분량	2인분
조리시간	10분 (+스팸양파볶음 조리시간 20~30분)

기본재료
짜파게티 1봉지
너구리 1봉지
물 650ml
후춧가루 1꼬집
소금 1꼬집
계란 1개

1 앞장에서 소개한 스팸양파볶음을 만들어 주세요.

2 물 650ml에 라면사리를 넣고 꼬들꼬들하게 삶아줍니다.

3 물을 덜어내고 짜파게티 스프 1봉, 너구리 스프 1/2봉을 넣고 잘 섞어주세요. 마지막에 조미유를 넣고 섞어준 뒤 접시에 담습니다.

4 스팸양파볶음을 올려주세요. 소금, 후춧가루를 톡톡 뿌려 짜파구리 위에 계란 프라이를 올려냅니다.

 MJ의
한 끗

짜파구리를 활용한 레시피를 알려드리고 싶어 소개했지만 짜파게티 위에 올려서 드셔도 맛있어요.

바삭한 멸치볶음

과자처럼 바삭바삭한 식감을 자랑하는 멸치볶음입니다. 간장을 넣지 않아도
간이 딱 맞는 요리예요. 아몬드를 더해 고소함이 두 배, 마늘을 넣어 멸치의 비
린 맛도 두 배로 잡아주었습니다. 마늘 식감이 쫀득쫀득해서 마늘을 싫어하는
아이들도 맛있다고 잘 먹는 우리집 단골 반찬이에요.

난이도	★★☆☆☆
분량	4〜5회
조리시간	20〜30분

기본재료
잔멸치 2컵(80g)
아몬드 2/3컵(80g)
식용유 2큰술
편마늘 10쪽
물엿(또는 올리고당) 2큰술
맛술 1.5큰술
참기름 1큰술
통깨 약간

1 잔멸치 2컵과 아몬드 2/3컵을 준비합니다. TIP. 호두, 캐슈넛, 땅콩 등의 견과류를 써도 좋습니다.

2 프라이팬에 식용유를 두르고 열이 오르면 약불로 줄입니다. 그 다음 편마늘 10쪽과 멸치 2컵을 3분 정도 볶습니다.

3 아몬드를 넣고 1분간 볶아주세요. TIP. 이때 견과류를 기호껏 함께 넣어요.

프라이팬을 살짝 기울여 갈색빛이 돌 때까지 끓여주세요.

4 멸치와 마늘을 프라이팬 가장자리로 옮깁니다. 맛술 1.5큰술, 물엿 2큰술을 넣어주고 천천히 끓여줍니다.

5 재료를 섞어 20초간 볶고 불을 끕니다. 참기름 1큰술, 통깨를 뿌리고 섞어줍니다. 요리가 식을 때까지 기다려주세요. 다 식으면 한 번 더 섞어주고 그릇에 담습니다.

멸치볶음 주먹밥구이

멸치볶음을 활용해 만든 주먹밥이에요. 여기에 김자반까지 넣어주면 만들다가도 손이 가는 맛있는 요리가 된답니다. 이번 레시피의 특징은 주먹밥을 만들고 겉면에 데리야끼소스를 바르며 굽는 거예요. 누룽지 같은 바삭한 식감에 감칠맛 도는 색다른 주먹밥이랍니다.

난이도	★★☆☆☆
분량	2~3인분
조리시간	20~30분

🥣 준비하기

기본재료
밥 2공기
멸치볶음 4큰술
김자반 4큰술
식용유 1큰술

데리야끼소스
간장 1큰술
설탕 1큰술
맛술 1큰술

1 데리야끼소스 재료들을 섞어 전자레인지에 10초간 돌려줍니다.

2 김자반 4큰술과 멸치볶음 4큰술을 준비합니다.

3 밥 2공기에 김자반과 앞장에서 소개한 멸치볶음 4큰술을 잘 섞어주세요.

4 주먹밥 모양의 용기 위에 위생랩을 깔고 밥을 꾹꾹 눌러가며 모양을 만듭니다.

5 프라이팬에 식용유 1큰술을 두르고 주먹밥 양면에 데리야끼소스를 2~3번씩 발라가며 중약불로 노릇하게 구워주세요.

53

노각무침

한 달 동안 수확하지 않고 그대로 둔 오이를 노각이라고 해요. 노폐물과 염분 배출에 탁월하고 반찬으로 만들어 먹으면 오이에서 느낄 수 없는 식감과 맛을 볼 수 있죠. 수분이 95%인 노각은 물엿으로 수분을 빼주면 꼬들꼬들한 매력적인 식감이 살아나요.

난이도 ★★★☆☆
분량 2~3인분
조리시간 20~30분 (+노각 절이는 시간 2~3시간)

준비하기

기본재료
노각 1개

절임재료
소금 0.3큰술
물엿 3큰술

양념재료
고춧가루 2/3큰술
고추장 1큰술
설탕 0.5큰술
다진 마늘 1작은술
식초 1큰술
대파 1큰술
참기름 2/3큰술
통깨 약간

MJ의 한 끗

노각을 고를 땐 들었을 때 묵직하고 단단한 것이 좋습니다. 노란빛이 균일한데 살짝 푸른빛이 있어야 식감이 좋아요. 물엿은 수분을 빼고 식감을 살리는 데 좋은 재료예요. 물엿을 넣고 절여도 달지 않으니 걱정하지 마세요.

1 노각 1개는 칼이나 필러를 이용해 껍질을 벗깁니다.

2 노각을 반으로 잘라 숟가락을 이용해 씨 부분과 무른 부분을 잘 제거해주세요.

3 0.3cm 두께로 썰어주세요.

4 물엿 3큰술, 소금 0.3큰술 넣고 버무립니다. 2~3시간 정도 두면 노각의 수분이 나옵니다.

5 면보를 이용해 남은 수분을 꼭 짜주세요.

6 고춧가루를 먼저 넣고 버무려 색을 입힙니다. 나머지 양념재료를 분량대로 넣고 잘 버무려주세요.

노각을 곁들인 별미 비빔국수

수확하고 30일이 지난 늙은 오이를 노각이라고 해요. 물엿으로 수분을 뺀 노각을 양념장에 조물조물 무쳐 먹으면 여름 별미가 따로 없죠. 여기에 잘 삶은 소면까지 비벼주면 군침이 도는 비빔국수가 완성됩니다. 오이, 상추, 양배추도 좋지만, 콩나물을 넣어 드시면 정말 맛있답니다.

난이도	★★★☆☆
분량	2인분
조리시간	30~40분 (+노각 절이는 시간 30분)

기본재료

노각 1개
소면 200g
콩나물 2줌(100g)
계란 1개
식초 1큰술
소금 1작은술
참기름 2.5큰술
통깨 약간

양념재료

사과 1/4개
양파 1/4개
고춧가루 3큰술
설탕 3큰술
간장 5큰술
식초 4큰술
연겨자 0.5큰술
다진 마늘 1큰술

노각 절일 때

물엿 3큰술
소금 0.3큰술

1 양념재료를 모두 섞어 믹서에 갈아 준비합니다.

2 노각 1개는 칼을 이용해 껍질을 벗기고 반으로 자릅니다. 숟가락으로 씨 부분과 무른 부분을 깔끔하게 파주세요.

3 노각은 0.3cm 두께로 도톰하게 썹니다.

버무린 후
30분 이상 두면
물이 생겨요

4 물엿 3큰술, 소금 0.3큰술을 넣고 버무려 30분 정도 절입니다. 면보에 넣고 물기를 꼭 짜주세요.

5 냄비에 물을 넣고 물이 끓어오르면 콩나물 2줌을 넣습니다. 2분간 삶은 콩나물은 찬물에 헹궈 아삭한 식감이 되도록 준비합니다.

6 계란은 식초 1큰술, 소금 1작은술을 넣고 삶아주세요. TIP. 8분 30초이상 삶으면 완숙란이 됩니다.

7 넉넉히 물을 준비해 물이 끓어오르면 면을 삶습니다. 면을 넣고 다시 끓어오를 때 찬물 1컵 정도 부어주세요. <u>TIP. 찬물을 부어주면 더 탱탱하게 삶을 수 있어요. 면 삶는 시간은 제품 뒷면을 참조하세요.</u>

8 다 익은 소면은 찬물에 치대며 헹궈주면 더욱 탄력이 생깁니다.

9 물기를 꼭 짠 노각과 콩나물, 삶은 소면과 양념장을 넣고 버무립니다. 마무리로 기름과 통깨를 뿌려 고소함을 살려주세요.

딱딱해지지 않는 진미채볶음

진미채볶음은 국민 반찬이지만 집집마다 레시피는 다를 거예요. 저만의 레시피 포인트는 바로 마요네즈와 고운 고춧가루를 사용하는 것이랍니다. 마요네즈로 진미채를 코팅하면 냉장고에 넣어도 딱딱해지지 않고 간도 똑 떨어져요.

난이도 ★☆☆☆☆
분량 약 4회분
조리시간 20분

준비하기

기본재료

진미채 200g
식용유 1큰술
마요네즈 2큰술

양념재료

참기름 1큰술
통깨 약간
고운 고춧가루 1큰술
고추장 2큰술
간장 1큰술
맛술 2큰술
설탕 1.5큰술
물엿 1.5큰술
물 4큰술
다진 마늘 0.5큰술

1 진미채 200g에 따뜻한 물을 골고루 부어 주세요. 20초 후 물기를 꼭 짜줍니다.

2 진미채를 먹기 좋은 크기로 잘라줍니다.

3 마요네즈 2큰술을 넣고 버무려주세요.

4 프라이팬에 식용유 1큰술을 두르고 진미 채 양념재료를 만들어 볶습니다. 끓기 시 작하면 중약불로 10초 정도 저어줍니다.

MJ의 한 끗

고운 고춧가루는 입자가 고와 서 요리에 넣었을 때 개운하 고 깔끔하게 매운맛을 냅니다. 완성 후 색깔도 더 먹음직스 러워요. 믹서기나 블렌더로 갈 아서 사용해주시면 됩니다. 넉 넉히 갈아두어 보관한 후 볶 음이나 조림, 떡볶이 등에 사 용하면 좋아요.

5 마지막으로 불을 끈 후 진미채를 넣고 양 념에 골고루 버무려주세요. 참기름과 통 깨를 넣어 마무리합니다.

진미채 쏙 김밥

부드럽고 맛있는 진미채볶음을 김밥 재료로 활용한 요리입니다. 많은 재료를 넣지 않아도 진미채 하나만으로 새로운 김밥이 된답니다. 진미채가 맛의 중심을 딱 잡아줘서 자꾸만 손이 가요.

난이도 ★★★☆☆

분량 3~4인분

조리시간 30~40분
(+진미채 조리시간 20분)

기본재료

밥 2.5공기
진미채볶음 100g
계란 4개
소금 1꼬집
설탕 1꼬집
햄 5줄
오이 1개
단무지 5줄
깻잎 10장
김 5장
식용유 약간

밥 밑간할 때

소금 1작은술
참기름 2큰술
통깨 약간

1 계란 4개에 소금 1꼬집, 설탕 1꼬집 뿌려 섞어둡니다.

2 프라이팬에 식용유를 두르고 키친타월로 닦으며 기름칠을 해줍니다. 계란물을 넣고 지단을 부쳐주세요.

오이씨 부분은 제거하고 넣어 주시면 더 아삭해요!

3 오이 1개는 단무지 두께와 같이 썰어줍니다. 김밥용 햄 5줄, 깻잎 10장, 계란지단을 준비합니다.

4 밥 2.5공기에 소금 1작은술, 참기름 2큰술, 통깨 약간을 넣고 잘 섞어주세요.

5 앞장에서 소개한 진미채볶음 100g을 준비하세요.

6 김의 거친 면에 밥을 2/3지점까지 펴줍니다. 깻잎을 깔고 그 위에 진미채를 듬뿍 넣고 나머지 재료들을 차례대로 올립니다.

MJ의 한 끗

김밥을 바로 먹지 않는다면 오이에 소금을 뿌려 수분을 뺍니다. 또는 프라이팬에 오이를 20~30초 볶은 후 사용하면 수분은 날아가고 아삭함이 살아나 시간이 지나도 김밥이 맛있어요.

7 김밥을 만 뒤에 알맞은 크기로 썰어주세요. TIP. 칼에 물을 묻히고 썰면 더 수월하게 김밥을 썰 수 있어요.

부드러운 돼지고기 장조림

돼지고기 안심으로 장조림을 만들면 식감은 부드럽고 맛은 담백해서 아이들에게도 인기 만점인 반찬입니다. 손이 조금 가는 요리지만 아이들이 좋아하는 모습을 보면 피로가 싹 가시는 요리예요.

난이도	★★★☆☆
분량	약 4회분
조리시간	30~40분

기본재료
돼지고기 안심 500g
소주(또는 청주) 1/3컵
월계수잎 2장(생략 가능)
편마늘 15쪽
꽈리고추 20개
물 700ml

고기육수재료
양파 1/2개
사과(또는 배) 1/8개
대파 15cm
다시마 1조각
생강 1톨

조림장
간장 100ml
설탕 3큰술
매실청 1큰술
물엿 1큰술
맛술 3큰술

**MJ의
한 끗**

국물을 조금 넉넉하게 남기고 싶다면 간장을 10ml 추가해줍니다.

1 물 700ml, 소주 1/3컵, 월계수잎 2장, 돼지고기 안심 500g을 넣고 삶아줍니다.

2 물이 끓어오르면 중불로 줄이고 5분 정도 삶은 뒤 물은 버려줍니다.

다시마는 물이 끓어오르고 3분 후 먼저 건져주세요.

3 삶은 돼지고기와 육수재료를 넣고 끓여줍니다.

4 삶은 물이 반으로 줄어들 때까지 끓여주세요. 고기육수 200ml은 남기고 돼지고기는 건져서 식혀줍니다.

5 한 김 식힌 안심은 잘게 찢어주세요. 꽈리고추 20개와 편마늘 15쪽을 준비합니다.

6 고기육수 200ml에 조림장을 넣어주세요. 이어 돼지고기와 편마늘, 꽈리고추를 넣고 조려줍니다.

7 끓기 시작하면 중불로 줄여 조립니다. 국물이 찰랑거릴 정도로 조려지면 센불로 1분 더 조리고 불을 끕니다.

장조림 버터비빔밥

장조림을 만든 날엔 꼭 해 먹는 요리입니다. 바쁜 아침에도 간단하게 뚝딱 만들 수 있고, 먹는 사람도 든든한 한 끼 식사죠. 부들부들한 스크램블과 단짠한 장조림, 새콤달콤한 김치와 아삭한 단무지가 어우러진 한 그릇이면 먹는 내내 입이 심심할 틈이 없어요.

난이도	★★☆☆☆
분량	1인분
조리시간	10~15분

준비하기

기본재료

밥 1공기
계란 2개
소금 약간
쫑쫑 썬 대파 1큰술
버터 1큰술
식용유 1큰술
우유 4큰술
다진 단무지 2큰술
씻은 김치 2큰술
장조림 국물 2큰술
장조림 고기(기호에 맞게 준비)

1 단무지를 잘게 자릅니다. 김치는 물에 씻어 물기를 꼭 짜고 잘게 썰어 넣어주세요.

80프로 익었을 때 불을 꺼주고 잔열로 익혀야 부드러워요.

2 프라이팬에 식용유를 두르고 쫑쫑 썬 대파 1큰술을 볶다가 우유 4큰술과 소금 약간을 섞은 계란물을 넣고 저어주며 스크램블합니다.

3 따끈한 밥 1공기 위에 버터 1큰술을 올려주세요.

4 스크램블을 올리고 김치와 단무지를 올려줍니다.

5 앞장에서 소개한 장조림 국물 2큰술과 장조림을 얹어 마무리 해주세요.

MJ의 한 끗

아보카도를 깍뚝 썰어 함께 먹어도 맛있는 레시피입니다. 단무지와 김치 외에 무말랭이 무침을 얹어 먹어도 좋아요.

67

감자전

강원도가 친정인 저는 어릴 때부터 감자전을 자주 먹었는데 친정 엄마가 들기름을 섞어 구워 주시곤 했습니다. 들기름을 섞으면 훨씬 구수하고 맛있어요. 강판에 갈아서 만들어도 감자 특유의 거친 식감이 맛있지만 믹서에 갈아 만들어도 충분히 맛있어요.

난이도	★★☆☆☆
분량	4인분
조리시간	20~30분

기본재료

감자 4~5개
양파 1/2개
감자 전분가루(부침가루 또는
밀가루) 4~5큰술
소금 1/2작은술
식용유 3큰술
들기름 0.5큰술
홍고추 1개

1 껍질 벗긴 감자 4~5개와 양파 1/2개를 준비합니다.

2 믹서기에 감자와 양파를 갈아줍니다. 강판에 갈아주셔도 좋아요.

3 간 감자와 양파를 체에 올려 수분을 빼줍니다.

4 시판 감자 전분가루 또는 부침가루나 밀가루 4~5큰술을 더해주세요.

소금은
밑간도 되지만
갈변도 막아줘요.

5 소금 1/2작은술을 더해 밑간합니다.

6 식용유에 들기름을 섞어 프라이팬에 두릅니다. 식용유 3큰술을 넣었다면 들기름 0.5큰술만 더해주세요. 중불로 굽다가 아랫면이 익으면 홍고추를 올리고 뒤집어 노릇하게 구워냅니다.

**MJ의
한 끗**

감자 전분가루를 더하면 부드러움이 살아나고 부침가루나 밀가루를 더하면 바삭해져요. 많이 넣으면 특유 맛이 사라지니 주의하세요.

감자피자

어떻게 하면 건강한 간식을 만들 수 있을까, 생각하다가 번뜩 아이디어가 떠올라 만들게 됐어요. 감자전을 도우로 만들고 그 위에 꿀과 아몬드를 뿌려 맛은 물론 건강까지 챙겼죠. 맛있고 담백해서 남녀노소 할 것 없이 좋아하는 요리랍니다.

난이도	★★★☆☆
분량	2~3인분
조리시간	20~30분

기본재료

감자 4~5개

양파 1/4개

감자 전분가루 4~5큰술

소금 1/2작은술

버터 1큰술

피자치즈 1컵

꿀 또는 연유(기호에 맞게)

다진 아몬드 4~5큰술

1 껍질 벗긴 감자 4~5개와 양파 1/4개를 믹서에 갈아줍니다. 강판에 갈아주셔도 좋아요.

2 갈은 감자와 양파를 체에 올려 수분을 가볍게 빼줍니다.

3 소금 1/2작은술, 감자 전분가루 4~5큰술을 섞어 반죽합니다.

4 버터를 약간 두른 프라이팬에 반죽을 얇게 부쳐주세요. 한 면을 중약불로 3~4분 노릇하게 부치고 뒤집습니다.

5 뒤집은 감자전을 2분 정도 익힙니다. 피자치즈 1컵을 뿌려 1분 정도 익히고 잔열로 치즈를 녹입니다.

6 완성되면 치즈 위에 꿀이나 연유를 골고루 뿌려주세요.

MJ의 한 끗

피자치즈를 뿌렸지만 좋아하는 치즈를 다양한 종류로 준비해 섞어도 좋습니다. 꿀 대신 연유를 뿌려도 좋아요.

7 다진 아몬드를 감자전 위에 뿌려주세요.

TIP. 꿀과 아몬드는 접시에 담은 후 뿌려주시면 훨씬 깔끔해요.

감자샐러드

감자철이 되면 여러 가지 요리를 해서 먹는데 그 중 꼭 만들어 먹는 요리가 바로 으깬 감자샐러드예요. 절인 오이와 당근을 넣으면 아삭아삭 식감도 좋고 느끼함도 없죠. 냉장고에 넣어두면 어느새 숟가락으로 떠먹고 있는 나를 발견하시게 될 거예요.

난이도	★★★☆☆
분량	2~3인분
조리시간	30~40분

기본재료

감자 5개
오이 1/2개
당근 1/4개
삶은 계란 2개
소금 0.5작은술

샐러드소스

마요네즈 8큰술
허니머스타드 2큰술
올리고당 2큰술
설탕 1큰술
소금 1작은술
후춧가루(선택)

계란 삶을 때

물 3컵
식초 1큰술
소금 0.5큰술

1 감자 5개는 껍질을 벗기고 전자레인지에 넣어줍니다. 전자레인지에 6분 정도 돌려 익혀준 다음 주걱으로 으깨주세요.

2 계란은 상온에 미리 꺼내 두고 물 3컵, 식초 1큰술, 소금 0.5작은술 넣고 삶습니다.
TIP. 물이 끓고 8분 이상 익혀주면 완숙란이 됩니다.

3 오이 1/2개와 당근 1/4개를 각 1cm 길이로 잘게 자릅니다. 소금 0.5작은술을 뿌려 잘 섞어줍니다. 15분 정도 절인 뒤에 물기를 꼭 짜서 준비합니다.

4 완숙으로 삶은 계란에서 흰자를 분리해 잘게 다져줍니다.

체로 거르면 훨씬 부드러운 식감을 느낄 수 있어요.

5 계란의 노른자는 체에 걸러줍니다.

6 으깬 감자와 샐러드소스를 준비해 섞습니다. 잘 섞은 뒤 냉장고에 넣어 차갑게 즐기세요.

스웨덴식 감자샐러드 핫도그

감자샐러드를 올린 핫도그를 스웨덴식 핫도그라 부릅니다. 감자샐러드를 만든 날에 꼭 만드는 레시피예요. 맛도 물론이지만 비주얼이 정말 훌륭해요. 아이들 간식이나 브런치로도 먹기도 좋아요. 특히 시원한 맥주 한 잔과 함께 먹으면 꿀맛입니다.

난이도	★★★☆☆
분량	2인분
조리시간	15분 (+감자샐러드 조리시간 30분)

기본재료

핫도그빵 2개

프랑크 소시지 2개

양파 1개

식용유 1큰술

케첩(기호에 맞게)

머스타드(기호에 맞게)

감자샐러드 2스쿱

1 프랑크 소시지 2개는 칼집을 내고 노릇하게 굽습니다.

2 양파 1개는 채썰어 준비해요. 핫도그 1개 당 양파 1/2개를 준비합니다. 양파는 식용유 1큰술을 두르고 약불로 맞춰 물을 더해가며 8분 정도 볶아줍니다.

3 핫도그빵 안에 먼저 볶은 양파를 깔고 소시지를 올립니다.

4 케첩과 머스타드를 기호껏 뿌려줍니다. 소스를 위생백에 넣고 이쑤시개로 콕 찍어 지그재그로 뿌려주면 모양도 예뻐요.

5 앞장에서 소개한 감자샐러드를 준비해요.

6 핫도그 위에 아이스크림 스쿱을 이용해 감자샐러드를 동그랗게 올려줍니다.

아보카도 과카몰리

난이도	★ ☆ ☆ ☆ ☆
분량	2~3인분
조리시간	20~30분

아보카도를 좋아하는 분들 많으시죠? 저희 가족은 아보카도로 비빔밥을 해먹거나 과카몰리로 만들어 간식으로 먹어요. 특히 과카몰리는 나초와 함께 먹거나, 빵 사이에 넣어 샌드위치처럼 즐길 수 있어 다방면에서 활용 가능한 팔색조 요리랍니다.

 **준비하기**

기본재료

아보카도 1개(150g)

토마토 1개

양파 1/4개

레몬즙(또는 라임즙) 1큰술

올리브오일 1.5큰술

소금 약간

후춧가루 약간

토마토 같은 경우 물기가 많은 안쪽 부분을 제거하고 만들면 질척하지 않아요.

1 토마토 1개와 양파 1/4개는 잘게 다져줍니다.

2 아보카도는 씨에 칼을 꽂고 삥 둘러가며 씨를 빼 준 뒤 숟가락을 이용해 과육을 분리해요.

3 분리한 과육은 잘 으깨주세요.

4 잘게 다진 토마토, 양파, 올리브오일 1.5큰술, 소금 약간, 후춧가루 약간, 레몬즙 1큰술을 더해 섞어주세요.

 MJ의 한 끗

아보카도는 후숙 과일이라 진한 보랏빛 상태가 먹기 좋은 상태라 볼 수 있습니다. 잘 익혀 보랏빛이 돌 때 냉장고에 넣고 2~3일간 보관하여 드실 수 있어요.

과카몰리 불고기 부리또

만들어둔 과카몰리와 밥을 활용해 만드는 부리또예요. 다양한 재료가 들어가
영양 만점, 맛도 만점인 요리예요. 한 입 베어 먹으면 "대박!"이라는 말이 절로
나올 거예요. 김밥처럼 돌돌 말아 소풍 가실 때 도시락으로 싸가면 기분 내기
도 좋답니다.

난이도	★★★☆☆
분량	2인분
조리시간	20~30분 (+과카몰리 조리시간 20~30분)

 **준비하기**

기본재료

또띠아 2장
소불고기 200g
양배추 슬라이스 2줌(100g)
아보카도 과카몰리 1개 분량
허니머스타드 3큰술
밥 2/3공기
종이 호일

불고기양념

간장 2큰술
맛술 1큰술
설탕 1큰술
다진 마늘 0.5큰술
참기름 1큰술
후춧가루 약간

1 양배추 슬라이스 2줌을 준비합니다.

2 소불고기 200g은 키친타월로 핏물을 제거해줍니다. 그 다음 불고기양념을 넣고 조물조물 한 뒤 20분 정도 재워 두세요.

3 프라이팬이 달아오르면 밑간한 고기를 넣고 볶아줍니다.

김밥처럼 말아줄 예정이니 소고기는 1/3 지점에 올려주면 말기 편해요.

4 종이 호일을 깔고 또띠아를 두고 허니머스타드 1.5큰술을 발라줍니다. 과카몰리를 발라주고 양배추 1줌, 밥 1/3공기, 소불고기 순으로 올립니다.

5 호일로 또띠아를 돌돌 말고 호일을 바짝 당겨 김밥처럼 말아줍니다

6 양쪽 끝 부분을 사탕처럼 꼬아준 후 칼을 이용해 반으로 나누면 완성입니다.

 MJ의 한 끗

밥은 찰밥 또는 쫀득한 식감의 밥이 더 잘 어울려요.

Part2

간단한 한 끼
18가지

반찬 없는 한 그릇 요리가 필요한 날
활용하기 좋은 레시피 모음을 소개합니다.

참치죽

아침에 한 끼 식사로 먹기 좋은 죽이에요. 재료와 조리법은 간단하지만 속은 든든, 영양은 만점이랍니다. 참치죽을 더 맛있게 끓이는 비법은 바로 북어채예 요. 북어채 한 줌이면 구수한 맛이 살아난답니다.

난이도	★★☆☆☆
분량	2~3인분
조리시간	30~40분

기본재료
밥 2공기
자른 북어채 2큰술
참기름 2큰술
참치캔 1캔(150g)
멸치다시마육수 1.1L
당근 1/3개
애호박 1/3개
양파 1/2개
참치액젓 1큰술
국간장 0.5~1큰술

1 당근 1/3개, 애호박 1/3개, 양파 1/2개를 잘게 다져줍니다.

2 냄비에 참기름 2큰술을 두르고 잘게 자른 북어채 2큰술을 넣어준 뒤 30초간 중불로 볶아주세요.

3 잘게 다진 채소를 넣고 2분간 볶아줍니다.

4 밥 2공기를 넣고 채소와 함께 1분간 볶아주세요.

MJ의 한 끗

통조림 요리를 조리하실 땐 '퓨란'이라는 물질을 날려보내고 요리하시는 것이 좋아요. 통조림을 만드는 과정에서 만들어지는 발암물질인데 다행히 휘발성이 강해 빠르게 날아갑니다. 요리 전 미리 그릇에 옮겨 담고 10분 후 조리하시면 더 건강하게 드실 수 있어요.

5 멸치다시마육수 1.1L를 넣고 7~8분간 저어가며 끓여줍니다.

계란 노른자를 올리면 부드럽게 퍼져 더욱 고소해요.

6 기름 뺀 참치를 넣고 국간장 0.5~1큰술, 참치액젓 1큰술을 더해 간을 해준 뒤 불을 꺼주세요. TIP. 참기름, 통깨, 김가루 등을 더하면 더욱 맛있습니다.

라면 투움바

레스토랑에서 먹을 수 있는 투움바 파스타를 라면으로도 만들 수 있어요. 라면으로 만들었지만, 맛만큼은 레스토랑에 뒤지지 않는 고급스러운 맛이랍니다. 피클과 함께 먹으면 느끼한 맛도 싹 잡아 어느새 한 접시 뚝딱 해치우죠.

난이도	★★☆☆☆
분량	2인분
조리시간	20~30분

기본재료
라면 2봉지
올리브유 3큰술
마늘 5~6알
냉동 새우 10마리
양파 1/2개
베이컨 1줄
타이고추 3~4개(또는 청양고
추 1개)
슬라이스 치즈 2장
우유 400ml
라면 수프 1봉
버터 20g(선택)

1 마늘 5~6알은 편으로 썰고 양파 1/2개는 채썰어주세요. 냉동 새우 10마리는 미지근한 물에 해동한 후 키친타월로 겉면 물기를 닦아줍니다. 베이컨 1줄은 2cm 길이로 썰어 준비해요.

2 올리브유 3큰술을 두르고 준비한 편마늘과 양파를 1분간 볶아줍니다.

3 타이고추와 냉동 새우를 넣고 1분간 볶아줍니다. TIP. 버터를 약간 더해 볶으면 고소한 풍미가 더 좋아요.

4 우유 400ml와 라면 수프 1봉을 넣어주고 불을 끕니다.

꼬들하게
삶는 것이
포인트입니다.

**MJ의
한 끗**

1인분 분량(라면 1개)으로 만들 경우 재료는 반으로 줄이고 라면 스프는 1/2를 넣어본 뒤 마지막에 조금 더하세요. 2/3이상 넣으면 너무 짤 수 있답니다. 우유를 넣을 때 생크림을 약간 더하면 더 고급스러운 맛이 나요.

5 라면은 끓는 물에 2분간 삶아주세요.

6 프라이팬에 다시 불을 켜고 면과 슬라이스 치즈 2장을 넣고 잘 섞어가며 1분간 더 졸여줍니다. TIP. 타이고추가 없다면 청양고추 1개를 잘게 잘라 졸일 때 넣어주세요.

소시지 라면볶음

캠핑 요리로도 좋고 야식을 먹고 싶을 때 시원한 맥주와 함께 즐기기 좋은 요리죠. 기본 재료가 라면이라 누구나 쉽게 만들 수 있어요. 만들 때 포인트가 있다면 바로 면을 꼬들꼬들하게 삶아야 볶을 때 불지가 않아요.

난이도	★★☆☆☆
분량	2인분
조리시간	20~30분

준비하기

기본재료

라면 사리 2개

식용유 2큰술

비엔나소시지 6~7개

대파 15cm

채썬 양배추 1줌(50g)

김치 2줄

양파 1/2개

계란 1개

양념장

고춧가루 1.5큰술

고추장 0.5큰술

간장 2큰술

물엿 1큰술

설탕 1작은술

다진 마늘 2/3큰술

맛술 2큰술

후춧가루 약간

1 양배추 1줌과 양파 1/2개는 채썰고 대파 15cm와 비엔나소시지 6개는 어슷썰어요.

2 양념장은 비율대로 섞어주세요. 김치 2줄은 잘게 잘라주세요.

3 프라이팬에 식용유 2큰술을 두르고 대파와 양파를 1분간 볶아주세요.

4 채썬 양배추, 김치, 비엔나소시지를 넣고 2분간 볶습니다. 그 다음 양념장을 넣고 불을 끄세요.

5 라면은 끓는 물에 2분 20초 정도 꼬들하게 삶아줍니다.

6 삶은 면을 건져 프라이팬에 넣고 30초간 빠르게 볶아냅니다. 계란 프라이를 만들어 올려드세요.

팽이버섯소스 오므라이스

난이도 ★★★☆☆

분량 2인분

조리시간 30~40분

오므라이스 소스에 팽이버섯을 더하면 어떤 일이 벌어질까요? 팽이버섯 특유의 아삭한 식감과 소스 맛이 어우러져 먹는 내내 입이 즐거워요. 평범한 오므라이스와는 분명 다른 맛이랍니다. 부드러운 소스와 부들부들한 계란이 감싸진 특별한 오므라이스의 매력에 빠져보세요.

기본재료

밥 2공기
베이컨 2~3줄
양파 1/2개
당근 1/4개
대파 10cm
식용유 1.5큰술
계란 3개
소금 1/2작은술
버터 0.5큰술
슬라이스 치즈 1장 또는 피자
치즈 2/3컵(선택)

팽이버섯소스

팽이버섯 1묶음
시판 돈까스소스 5큰술
올리고당 0.5큰술
케첩 1큰술
우유 1/2컵(또는 8큰술)
버터 0.5큰술

1 베이컨 2줄, 양파 1/2개, 당근 1/4개는 잘게 다지고 대파 10cm는 쫑쫑 썰어요.

2 식용유 1.5큰술을 두르고 대파를 달달 볶아 파기름을 내주다가 양파, 당근, 베이컨을 넣고 2~3분간 볶습니다.

3 고슬고슬한 밥 2공기를 프라이팬에 넣고 1~2분간 볶아주세요. 소금을 뿌려 밑간한 뒤 마무리로 버터 0.5큰술을 넣어요.

졸이다 보면 버섯 수분이 나와 소스가 충분해져요.

4 팽이버섯소스를 섞고 팽이버섯을 잘게 잘라 넣어줍니다. 약불로 저어주다 끓어오르면 2~3분간 졸이고 불을 끄세요.

5 프라이팬에 계란물을 부어주고 넓게 펼쳐주세요. 계란이 어느 정도 익으면 불을 끄고 볶음밥을 1/2 지점에 골고루 올립니다.
TIP. 볶음밥 올리기 전에 치즈를 바닥에 깔아주면 더 고소하고 맛있어요.

6 나머지 계란을 덮어 반달 모양으로 만들면 완성이에요. 접시에 담아 소스를 올려드세요.

고추장 크림떡볶이

크림떡볶이는 느끼한 맛에 취향이 갈리는 음식이죠. 이번 레시피는 고추장을
넣어 느끼함이 제로인 크림떡볶이예요. 쫄깃한 떡과 부드러운 고추장소스와
의 궁합은 말할 것도 없고 소스에 바삭한 빵을 찍어 먹어도 맛있어요. 매콤함
도 적당해 아이들과 함께 즐기실 수 있어요.

난이도	★★★☆☆
분량	2~3인분
조리시간	30~40분

⏱ 준비하기

기본재료
떡볶이 떡 350g
베이컨 3줄
올리브유 2큰술
브로콜리 1/2송이
소금 0.5큰술(브로콜리 세척용)
양파 1/2개
우유 150ml
생크림 150ml

떡볶이소스
간장 1큰술
고추장 1큰술
올리고당 1큰술
고춧가루 1작은술
후춧가루 약간

1 떡볶이 떡 350g을 준비합니다. TIP. 떡은 밀떡을 준비하시면 좋습니다.

2 양파 1/2개는 채썰어주세요.

3 베이컨 3줄은 2cm 길이로 썰어 준비합니다.

4 브로콜리 1/2송이는 씻어 냄비에 물 400ml, 소금 0.5큰술 넣어 끓는 물에 데친 후 찬물에 헹궈 준비합니다.

5 프라이팬에 올리브유 2큰술을 두르고 양파를 볶습니다. 중약불로 3분간 볶아준 뒤 베이컨을 넣고 30초간 더 볶습니다.

6 생크림과 우유 각 150ml와 떡을 넣어줍니다. 떡이 말랑해질 때까지 저어주세요. TIP. 소스의 농도는 우유로 조절해요.

끓이면서 농도가 진하다 싶을 땐 우유를 더하세요.

7 떡볶이소스와 데친 브로콜리를 넣고 잘 섞어 끓여줍니다. 전체적으로 어우러지면 불을 끕니다.

아보카도 스팸계란밥

어렸을 때 할머니 댁에 가면 할머니께서 고소한 참기름 듬뿍 넣은 간장 계란 밥을 해주시곤 했어요. 할머니 생각이 날 때면 가끔 해먹곤 하는데 아이 입맛에는 맞지 않는 것 같아 업그레이드해 본 레시피예요. 아이들의 반응이 무척 좋았답니다.

난이도	★☆☆☆☆
분량	1인분
조리시간	10분

기본재료
밥 1공기
아보카도 1/2개
잘게 썬 스팸 2큰술
계란 2개
참기름 1큰술
버터 0.5큰술
우유 2큰술
간장 1.5큰술

1 계란 2개, 우유 2큰술, 잘게 썬 스팸 2큰술을 더해 잘 섞어줍니다.

2 아보카도 1/2개는 얇게 슬라이스 해서 준비합니다.

3 프라이팬에 버터 0.5큰술을 두르고 프라이팬이 달아오르면 준비한 계란물을 넣어 중불로 줄입니다.

4 계란 스크램블을 합니다. TIP. 부드러운 스크램블의 포인트는 80% 익으면 불을 끄고 잔열로 익혀 주는 것입니다.

5 고슬고슬한 밥 1공기 위에 아보카도와 스크램블을 올립니다. 간장 1.5큰술, 참기름 1큰술을 뿌리면 완성입니다.

김치 참치 콩나물밥

남은 밥이나 찬밥이 있을 때 근사하게 변신시킬 수 있는 15분 완성 콩나물밥 레시피예요. 콩나물을 푹 익히지 않아 아삭한 식감은 그대로 살아 있고 영양분도 지킬 수 있어요. 김치와 참치까지 어우러져 양념장이 필요 없죠. 맛과 영양은 업, 조리시간은 다운시켜주는 훌륭한 요리예요.

난이도	★☆☆☆☆
분량	2~3인분
조리시간	10~20분

기본재료

콩나물 5줌(250g)
들기름(또는 식용유) 2큰술
쫑쫑 썬 김치 3/2컵
밥 2공기
참치 통조림 1캔(150g)
간장 2큰술
설탕 2작은술

1 김치는 가위를 이용해 3/2컵 분량으로 잘게 잘라주세요.

2 들기름 2큰술을 두르고 잘게 썬 김치를 넣어 중약불로 2분간 볶습니다.

3 간장 2큰술, 설탕 2작은술, 기름을 제거한 참치 1캔을 넣고 중약불로 2분간 더 볶아 줍니다.

4 밥 2공기를 넣고 1분내로 볶아준 뒤 불을 끄세요.

5 잘 씻은 콩나물 250g을 올립니다. 뚜껑 덮고 약불로 켜주고 7분간 익혀줍니다.

6 불을 끄고 2~3분 뜸을 들여요. 뚜껑 열고 살살 저어서 맛있게 즐기세요.

MJ의 한 끗

김치와 함께 날치알이나 햄, 다짐육을 넣고 볶아주어도 좋아요. 좋아하는 부재료를 마음 껏 활용하세요.

스팸가지덮밥

가지로 만드는 간단하면서도 맛있는 요리를 소개해드릴게요. 두반장소스를 베이스로 만든 중화풍 느낌의 가지덮밥이에요. 매콤한 소스와 가지 그리고 짭조름한 햄이 어우러져 순식간에 한 접시 뚝딱한답니다. 꼭 계란 프라이를 올려주세요. 선택이 아니라 필수입니다.

난이도	★☆☆☆☆
분량	2인분
조리시간	20~30분

기본재료

식용유 2큰술
가지 2개
스팸 1캔(작은 사이즈 120g)
양파 1/2개
청양고추 1개
홍고추 1/2개(생략 가능)
대파 15cm
계란 1개

양념소스

두반장 2큰술
굴소스 2/3큰술
올리고당 1큰술
식초 1큰술
참기름 1큰술

녹말물

감자전분 1큰술
물 2큰술

1 가지는 두께 1.5cm, 길이 3~4cm로 썰어 줍니다. 스팸도 가지와 비슷한 길이로 썰어주세요. 양파 1/2개는 채썰어줍니다.

2 청양고추 1개, 홍고추 1/2개는 어슷썰고 대파 15cm는 쫑쫑 썰어주세요.

3 프라이팬에 열기가 오르면 식용유를 두르지 않고 중약불로 줄여 가지를 살짝 구워주세요. 타는 듯하면 물 3~4큰술 넣고 가지가 숨이 죽을 때까지 익힌 뒤 접시에 따로 담아주세요.

4 참기름을 제외한 양념 소스를 잘 섞어줍니다.

MJ의 한 끗

스팸가지덮밥에 쓰인 두반장은 마파두부(p.226)에서도 활용할 수 있어요.

5 식용유 2큰술을 두르고 대파와 양파를 넣고 중약불로 2분간 볶습니다. 구운 가지와 스팸을 넣고 30초간 볶아주세요. 만들어둔 소스를 넣고 20~30초간 볶습니다.

6 마무리에 녹말물을 프라이팬에 넣어 빠르게 저어줍니다. 불을 끄고 참기름을 두릅니다. 계란 프라이와 함께 드세요.

가지밥

혹시 가지가 슈퍼 푸드라는 사실을 아시나요? 알고 있어도 가지의 식감이 싫어 안 드시는 분들이 꽤 많으시더라구요. 하지만 제 레시피대로 만들면 가지를 싫어하는 분들도 금세 한 그릇을 비우실 거예요. 부들부들한 가지와 다진 고기가 어우러진 가지밥. 오늘 저녁 식사 한 끼로 어떠세요?

난이도	★☆☆☆☆
분량	2~3인분
조리시간	60분

준비하기

기본재료

가지 3개
쌀 320g
돼지고기 다짐육 200g
당근 1/3개
대파 15cm
들기름 1큰술
식용유 1큰술
간장 1큰술
맛술 1큰술

양념장

물 1큰술
진간장 3큰술
설탕 0.5큰술
고춧가루 1큰술
참기름 1큰술
통깨 1큰술
다진 마늘 1큰술
다진 청양고추 2큰술(기호에
따라 조절)

 MJ의
한 끗

가지를 볶을 때 다짐육을 더
해 볶으면 맛이 더 풍부해집
니다. 압력밥솥에 푹 익히면
가지 식감이 물러져요. 식감을
살리고 싶다면 볶은 가지를
처음부터 넣지 마시고 뜸 들
일 때 올려주셔도 좋아요.

1 가지 3개는 세로로 반을 썰고 다시 0.3cm
두께로 썰어 준비합니다.

2 당근 1/3개는 채썰고 대파 15cm는 쫑쫑
썰어 준비합니다.

3 들기름과 식용유를 각 1큰술씩 둘러 대파
를 볶아주세요. 돼지고기 다짐육 200g을
넣고 겉면이 익을 정도로 1분간 볶아주세
요.

4 당근과 가지를 넣고 가지가 숨이 죽을 때
까지 볶습니다. 간장 1큰술과 맛술 1큰술
을 넣고 프라이팬을 기울여 간장소스를
끓인 후 재료를 섞어 30초간 볶습니다.

5 쌀은 30분간 불린 후 평소 밥짓던 물의
80%만 넣어 밥을 짓습니다. 프라이팬에
서 볶던 재료를 위에 올리고 취사합니다.
TIP. 쌀의 양이 2인분이면 가지밥 2.5-3인분
정도가 나오니 참고하세요.

6 양념장을 만들고 완성된 가지밥에 곁들여
드세요.

황태미역떡국

먹을 때마다 맛있다며 감탄하게 되는 떡국이에요. 친정이 강원도인데 친정어머니와 찜질방에 가면 옹심이 미역국을 한 그릇씩 먹곤 했어요. 그 미역국 맛이 생각나 떡국으로 만들어 보았어요. 미역과 황태 그리고 들깻가루를 더하면 평범한 떡국과는 다른 건강한 맛으로 입과 속이 꽉 채워진답니다.

난이도	★★★☆☆
분량	2인분
조리시간	20~30분 (+미역 불리는 시간 10분)

기본재료
자른 미역 1.5큰술
황태채 1줌(20g)
떡국 떡 200g
다시마육수(물 또는 시판 사골
육수) 800ml
들기름 1큰술
다진 마늘 0.5큰술
들깻가루 2~3큰술
참치액젓 1큰술
국간장 0.5~1큰술

1 자른 미역 1.5큰술을 물에 담가 10분 정도 불려준 뒤 물기를 꼭 짜서 준비해요.

2 황태채 20g은 흐르는 물에 가볍게 씻고 가시가 있다면 제거합니다. 한 입 크기로 잘라주세요.

3 떡국 떡 200g이 딱딱하다면 물에 10분 정도 불려서 사용하세요.

4 들기름 1큰술을 두르고 황태와 미역을 넣고 2분간 볶습니다.

5 다시마육수 800ml를 넣고 7~8분 끓여준 뒤 떡국떡을 넣습니다.

6 다진 마늘 0.5큰술, 참치액젓 1큰술, 국간장 0.5~1큰술을 더해 간합니다. 들깻가루 2~3큰술을 뿌려 섞어준 뒤 바로 불을 꺼주세요.

쫀득한 감자수제비

쫄깃하고 찰지게 만든 수제비 반죽에 구수한 감자의 맛과 향, 포근한 국물이
어우러진 수제비 한 그릇은 지친 몸과 마음을 토닥여준답니다. 이번 요리는 아
이와 함께 만들어보세요. 같이 밀가루를 반죽하며 놀다 보면 재미도 맛도 한
그릇에 다 담을 수 있어요.

난이도 ★★★★☆	
분량 3인분	
조리시간 30~40분 (+수제비 숙성시간 반나절)	

기본재료
멸치다시마육수 1.2L
건새우 1줌(20g)
북어채 7~8개(20~30g)
감자 2개
당근 1/4개
애호박 1/4개
양파 1/2개
대파 10cm

반죽재료
밀가루 2컵
차가운 물 1/2컵
소금 1작은술
식용유 1.5큰술
계란 흰자 1개

간할 때
국간장 2큰술
소금 0.5큰술
다진 마늘 0.5큰술
다진 대파 1큰술

양념장
국간장 1큰술
진간장 2큰술
다진 마늘 1작은술
다진 대파 1큰술
고춧가루 1큰술
통깨 약간

냉장고에
반나절 이상
숙성시키세요.

1 위생백에 밀가루 2컵, 소금 1작은술을 넣고 한번 흔들어요. 그 다음 찬물 1/2컵, 계란 흰자 1개, 식용유 1.5큰술를 넣습니다.

2 위생백 입구 부분을 살짝 묶고 공기를 뺍니다. 손으로 잠시 치댄 후 쫀득해질 수 있도록 5~6분간 더 치대줍니다.

3 애호박 1/4개은 0.3cm 두께로 반달썰기하고 감자 2개는 1cm 두께로 잘라줍니다. 당근 1/4개와 양파 1/2개는 채썰고 대파 10cm는 쫑쫑 썰어요.

4 육수에 깊은 감칠맛을 줄 수 있는 건새우 1줌과 북어채 1줌를 준비합니다.

5 멸치다시마육수 1.2L에 북어채와 건새우 각 1줌씩 넣어주세요.

6 이어 감자를 넣고 끓입니다.

7 육수가 끓어오르면 수제비 반죽을 얇게 적당한 크기로 떼어 넣어줍니다.

8 반죽을 다 넣고 나면 애호박, 양파, 당근을 넣어주세요.

9 다진 마늘 0.5큰술, 다진 파 1큰술를 넣고 저어주며 끓여줍니다. 재료들이 다 익어 가면 국간장 2큰술, 소금 0.5큰술을 더해 간을 하고 불을 끕니다. TIP. 간이 부족하면 양념장을 만들어 곁들여 드세요.

 MJ의
한 끗

쫄깃한 수제비 반죽을 만들 땐 위생백에 넣고 반죽하면 설거지가 줄어서 좋아요. 반죽을 넣은 위생백 위에 위생백이나 지퍼백을 한 겹 더 하고 발로 밟아 주시면 반죽이 아주 찰지게 만들어져요. 열심히 치댄 반죽은 냉장고에서 반나절 또는 하루 정도 숙성시간을 거치면 찰기 있는 반죽을 만나실 수 있어요. 넉넉하게 반죽하고 숙성한 뒤 냉동보관 하셔도 됩니다.

훈제오리 부추계란덮밥

우리집 단골 아침 메뉴 중 하나예요. 중국식 부추계란볶음에 훈제오리를 더해
만들면 제법 근사한 한 그릇 요리를 먹는 기분이 듭니다. 만드는 시간에 비해
결과물이 아주 근사한 요리라 추천해드려요.

난이도	★★☆☆☆
분량	2인분
조리시간	20~30분

기본재료
밥 2공기
식용유 2큰술
훈제오리 200g
계란 4개
부추 3줌(150g)
양파 1/2개
설탕 1작은술
간장 2큰술

1 부추 3줌은 깨끗하게 씻어 4~5cm 정도 로 썰어주세요. 양파 1/2개는 채썰고 훈제 오리 200g도 한 입 크기로 썰어줍니다.

2 식용유를 두르고 썰어둔 양파를 1분간 볶 아줍니다.

3 양파색이 변하면 훈제오리를 넣고 20초 정도 더 볶아주세요.

4 썰어둔 부추를 넣고 10초간 볶습니다.

5 볶은 재료를 옆으로 밀고 계란을 풀어 넣 습니다. 계란물을 저어가며 스크램블을 하고 80% 이상 익으면 재료들과 함께 섞 어주세요.

6 프라이팬 가장자리에 간장 2큰술, 설탕 1작은술을 부어 바글바글 끓이다 섞어주 면 완성입니다. 고슬고슬한 밥과 함께 즐 기세요.

MJ의 한끗

훈제오리가 없을 땐 햄을 곁 들여도 좋고 부추와 계란만 볶아도 좋아요.

스테이크덮밥

간단하지만 특별한 느낌을 낼 수 있는 요리예요. 맥주나 와인 한 잔을 곁들여도 정말 좋죠. 달콤한 소스와 아삭한 숙주, 고기의 느끼함을 잡아주는 양파와 마늘이 어우러져 남녀노소 누구나 좋아합니다. 하나 소소한 팁을 드리자면 소스에 고추냉이를 살짝 더해 먹으면 훨씬 맛있어요.

난이도	★★★☆☆
분량	2인분
조리시간	30~40분

기본재료

밥 2공기
스테이크용 소고기 300g
양파 1개
숙주 3줌(150g)
쪽파(또는 대파) 10cm
마늘 6알
올리브유 4.5큰술
버터 1큰술(10g)
소금 약간
후춧가루 약간
굴소스 0.5큰술

스테이크소스

간장 6큰술
설탕 3큰술
물 5큰술
허니머스타드 3큰술
고추냉이 1큰술(선택)

1 양파 1개는 채썰고 쪽파는 쫑쫑 썰어요. 마늘 6알은 편으로 도톰하게 썰어 준비합니다.

2 스테이크소스는 섞은 뒤 냄비에 바글바글 끓으면 약불로 줄입니다. 30초간 저어주고 불을 끕니다.

굴소스가 없다면 소금을 약간 뿌려 밑간해도 좋아요

3 숙주는 올리브유 0.5큰술 두르고 센불로 볶습니다. 30~40초 정도 볶아주다 숨이 죽으면 굴소스 0.5큰술을 넣고 센불로 20초 더 볶습니다.

4 올리브유 1큰술을 넣고 양파를 볶습니다. 소금 약간, 후춧가루 약간 더해 밑간합니다. TIP. 타는듯 하면 기름 대신 물을 약간 더해 볶아주세요.

타지 않게 주의하며 구워요.

5 올리브유 3큰술 두른 프라이팬에 편마늘을 굽습니다.

버터를 약간 더해 풍미를 줍니다.

6 소고기 300g은 요리 30분 전 상온에 꺼냅니다. 소금, 후춧가루를 골고루 뿌려 마리네이드 해두세요. 고기를 마늘 굽던 프라이팬에서 센불로 각 면을 구워 겉바속촉을 만들어요.

7 고기를 도마에 올리고 2~3분간 그대로 두었다가 3~4cm 도톰한 두께로 썰어줍니다.

8 썰었던 고기를 프라이팬에 올려 자신이 원하는 굽기 정도로 구워주세요.

9 밥 위에 볶은 양파, 볶은 숙주, 소고기를 올린 뒤 만든 소스를 골고루 뿌리고 구운 마늘과 쪽파를 올려 마무리해요.

MJ의 한 끗

고기를 통째로 겉면을 먼저 구운 후 잘라 구우면 육즙이 빠져나가지 않아 맛있지만 그 과정이 번거롭게 느껴진다면 처음부터 한 입 크기로 썰어서 구워주세요. 질긴 고기라면 칼등을 이용해 살살 두드려 주신 후 굽는 것도 하나의 방법이에요. 마리네이드 과정은 고기나 생선을 조리 전에 부드럽게 하고 잡내를 제거하는 과정입니다. 마찬가지로 고기를 굽기 30분~1시간 전 오일, 후추, 소금 등을 뿌려 재워두면 잡내도 제거되고 육질이 연해집니다. 또한 고기를 굽기 전엔 찬기를 없애고 굽는 것이 좋아요. 구울 때 고기 온도가 차가우면 속까지 열이 잘 전달되지 않기 때문입니다.

마약 계란 샌드위치

자꾸만 저도 모르게 손이 가는 요리예요. 계란 샌드위치 특유의 고소한 맛을 좋아하는 분들도 계시지만 퍽퍽하고 심심한 맛을 즐기지 않는 분들도 계시죠? 이번 레시피는 딸기잼과 함께 슬라이스 치즈와 햄을 추가했어요. 달콤짭짤한 맛이 더해져 계속 먹게 된답니다.

 **준비하기**

기본재료
식빵 6장
슬라이스 치즈 3장
생식용 슬라이스 햄 3장
딸기잼 3큰술

계란 삶을 때
물 600ml
식초 1큰술
소금 0.5큰술

계란 스프레드 만들 때
계란 4개
소금 2꼬집
마요네즈 5큰술

1 물 600ml, 소금 0.5큰술, 식초 1큰술, 계란 4개를 넣고 물이 끓어오르면 9분간 삶습니다.

2 삶은 계란을 으깨고 마요네즈 5큰술과 소금 2꼬집 넣어 잘 섞어주세요. TIP. 더 촉촉하게 즐기고 싶을 땐 생크림 또는 우유를 약간 더합니다.

3 빵 위에 딸기잼을 골고루 발라주세요.

4 식빵 바른 딸기잼 위에 계란 스프레드를 도톰하게 올려줍니다. 다른 한 쪽 식빵에 슬라이스 치즈와 햄을 각 1장씩 함께 겹쳐주세요.

5 랩으로 양끝을 타이트하게 감싸주면 반으로 잘랐을 때 모양이 잘 잡힙니다.

6 반으로 잘라주면 맛과 영양이 만점인 계란 샌드위치 완성입니다.

몬테크리스토 샌드위치

평일 오후, 브런치가 생각나거나 갑작스럽게 간식을 준비해야 할 때 만드는 요리입니다. 계란물에 빵가루를 입혀 바싹하게 튀겨도 좋지만 계란물만 입혀 구워도 맛있어요. 프렌치토스트 보다 훨씬 고급스러운 맛을 즐기실 수 있어요.

난이도	★★★☆☆
분량	2인분
조리시간	20~30분

기본재료
식빵 3장
슬라이스 치즈 2장
생식용 슬라이스 햄 2장
딸기잼 약 1큰술
허니머스타드 약 2큰술
계란 1개
버터 1큰술(20g)

1 식빵 3장을 준비하고 테두리 부분을 자릅니다. TIP. 테두리 부분은 크루통을 만들어 드세요. 수프 위에 올려 즐기면 좋습니다.

2 식빵 3장을 일렬로 펼쳐놓습니다. 2장엔 허니머스타드를 바르고 1장엔 딸기잼을 발라주세요.

3 허니머스타드 바른 빵엔 치즈와 햄 각 1장씩을 올립니다.

4 첫번째 식빵 위에 딸기잼 바른 빵을 올립니다. 나머지 한 식빵으로 덮어주세요.

**MJ의
한 끗**

식빵 테두리로 크루통 만드는 법을 알려드릴게요. 식빵 3장 기준으로 버터 1.5큰술, 설탕 1큰술을 준비합니다. 전자레인지에 버터를 녹이고 설탕을 섞어줍니다. 잘라둔 빵에 버터 설탕물을 버무려 입히고 프라이팬에 약불로 노릇하게 익혀내면 완성이에요.

5 계란 1개를 풀고 식빵에 계란물을 골고루 입혀주세요.

6 프라이팬에 버터를 두르고 녹입니다. 약불로 토스트 각 면을 노릇하게 구워줍니다. 적당한 크기로 잘라 즐기세요.

단호박 에그슬럿

영양 만점 단호박에 계란과 치즈까지 더해진다면? 맛도 영양도 모두 배가 되
겠죠? 아침 식사로 즐기면 하루가 든든한 요리예요. 게다가 전자레인지로 후
다닥 만들 수 있어 좋아요. 찜기나 에어프라이어에도 조리가 가능하지만 이 요
리는 전자레인지로 만들어 먹어야 제맛이랍니다.

난이도	★☆☆☆☆
분량	1~2 인분
조리시간	20분

기본재료
미니 단호박 1개
계란 1개
소금 2꼬집
피자치즈 3~4큰술

1 단호박은 베이킹소다를 물에 풀어 담가 두었다가 표면을 깨끗하게 문질러 세척합니다.

2분 30초,
2개 기준 3분
돌려주세요

2 전자레인지 용기를 준비하고 단호박을 넣어 랩을 씌웁니다.

3 꼭지로부터 2cm 아래를 칼로 자릅니다.

4 익은 단호박은 숟가락을 이용해 속을 파줍니다.

잘게 다진
채소들을 더하면
계란찜처럼
즐길 수 있어요.

5 계란 하나를 톡 넣어주고 소금 2꼬집 정도 뿌려줍니다. 젓가락을 이용해 노른자를 톡 터트려 가볍게 섞어주세요.

6 피자치즈로 속을 채워줍니다. TIP. 취향에 따라 더하셔도 좋습니다.

7 다시 랩을 씌워 전자레인지 4분 정도 익혀주면 완성입니다.

원팬 길거리 토스트

요즘 들어 원팬 토스트가 많은 인기를 끌고 있더라고요. '길거리 토스트를 원팬으로 만들면 어떨까?'라는 아이디어가 떠올라 개발한 레시피랍니다. 종종 길거리 토스트가 먹고 싶은데 만들기가 귀찮아 포기한 분들께 강력하게 추천해드리는 요리입니다.

난이도	★☆☆☆☆
분량	2인분
조리시간	15~20분

준비하기

기본재료

계란 2개
소금 2꼬집
채썬 양배추 1줌(50g)
식빵 2장
슬라이스 치즈 2장
생식용 햄 2장(선택)
버터 1큰술 (20g)

소스

케첩 1.5큰술
마요네즈 1.5큰술
설탕 1.5큰술

1 양배추 1줌은 얇게 채썰어요.

2 마요네즈, 케첩, 설탕을 각 1.5큰술씩 섞어 소스를 만들고 슬라이스 치즈 2장을 준비합니다. TIP. 생식용 햄도 준비하면 좋아요.

3 계란 2개를 풀어 소금 2꼬집과 채썬 양배추를 넣고 섞습니다.

4 프라이팬에 버터를 두르고 열기가 오르면 중약불로 줄여 양배추계란물을 부어줍니다. 식빵 모양으로 형태를 잡아주세요.

5 계란부침이 어느 정도 익었다면 그 위에 식빵을 올립니다. 누름개로 힘을 주고 앞뒤로 뒤집습니다.

6 뒤집고 난 뒤 불을 잠시 끄고 소스를 골고루 발라주세요.

7 치즈와 햄을 올리고 불을 다시 켜주세요. 누름개를 이용해 1/2 지점을 꾹꾹 눌러줍니다.

8 반으로 접고 꾹꾹 눌러가며 약불로 20초 정도 더 익혀주고 불을 끄세요.

간단 파니니

누룽지 같이 바삭한 빵 속에 다양한 재료들로 속이 꽉 채워진 그 맛이 좋아 브런치가 생각나면 만들어요. 커피 한 잔과 즐기면 꿀맛이죠. 파니니 그릴이 있으면 좋지만 없어도 충분히 만들 수 있어요. 납작한 조리도구와 프라이팬만 있으면 쉽게 만들 수 있어요.

난이도	★★☆☆☆
분량	1회 분량
조리시간	20~30분

기본재료

치아바타 빵(또는 호밀 식빵) 2장
크림치즈(또는 허니머스타드)
1큰술
피자치즈 2/3컵
토마토 슬라이스 2~3쪽
베이컨 2줄
양파 1/2개
슬라이스 치즈 1장
올리브오일 2큰술
발사믹 식초 1큰술(또는 소금
과 후춧가루 약간)

1 토마토는 슬라이스하고 양파 1/2개는 채 썰어주세요. 베이컨 2줄을 준비합니다.

2 토마토는 프라이팬에 앞뒤 20초씩 구워 수분을 날려주세요. 베이컨은 앞뒤 노릇 하게 구워 줍니다.

3 치아바타 빵이나 호밀 식빵 2장을 준비 하고 피자치즈와 슬라이스 치즈 1장을 준 비해요.

4 프라이팬에 올리브오일 2큰술을 넣고 양 파를 7~8분 볶습니다. 발사믹 식초 1큰 술을 더해 1분간 더 볶고 불을 끕니다.

> 빵 중간 지점을 슬라이스 해서 한 면에 재료를 올려주세요.

5 빵 한 면에 크림치즈를 바르고 피자치즈, 구운 토마토, 베이컨, 양파볶음을 차례로 올려주세요.

6 마무리에 슬라이스 치즈를 반으로 나눠 샌드위치 안에 넣습니다.

> 빵 겉면은 누룽지처럼 바삭해지고 재료가 응집되어야 해요.

MJ의 한 끗

캐러멜라이징한 볶은 양파는 냉동 보관하여 사용하실 수 있어요. 보관하셨다가 카레 에 넣어 사용하셔도 편리하 답니다.

7 파니니 그릴을 이용해 구워줍니다. 그릴 이 없다면 납작한 조리도구를 활용해 프 라이팬에서 구워주세요.

Part3

국 찌개 메뉴
17가지

한국 사람들 밥상에서 빠지면 아쉬운 국과 찌개,
냉장고에서 바로 꺼내어 만들 수 있는 친숙한 재료들로
쉽고 맛있게 끓일 수 있는 레시피들을 소개합니다.

소고기 뭇국

무가 맛있어지는 계절이 되면 어김없이 우리집 식탁에 등장하는 국입니다. 시원한 무와 담백한 소고기의 맛이 우러난 소고기 뭇국. 진한 맛의 소고기 뭇국 한 그릇과 김치 한 접시만 있으면 든든한 한 끼 밥상이 완성되죠.

난이도	★★☆☆☆
분량	3〜4인분
조리시간	30〜40분

⏲ 준비하기

기본재료

국거리용 소고기 250g~300g
다시마육수 1.6L
무 400g
대파 15cm
양파 1/2개(선택)
소금 약간
후춧가루 약간

고기 볶을 때

참기름 1큰술
다진 마늘 1큰술
국간장 1큰술
청주(또는 맛술) 1큰술

무 볶을 때

참치액젓 1큰술

1 무 400g은 한 입 크기로 썰고 대파 15cm 는 쫑쫑 썰어주세요.

2 참기름 1큰술을 두르고 핏물을 제거한 소 고기를 넣고 볶습니다. 이때 국간장 1큰 술, 다진 마늘 1큰술, 청주 1큰술을 넣고 고기 겉면이 익을 때까지 볶아주세요.

3 손질한 무와 참치액젓 1큰술을 넣고 40초 간 더 볶아주세요. TIP. 고기와 무를 볶을 때 각각 간을 하면 밑간이 되어 간이 따로 놀 지 않아요.

4 다시마육수 1.6L를 넣고 9~10분 충분히 끓여줍니다. TIP. 고기 잡내를 없애려면 채 썬 양파 1/2개나 통양파 1/2개를 넣고 끓인 후 양파는 건져내도 좋습니다.

5 마무리로 잘게 썬 대파를 넣고 부족한 간 은 소금을 넣어주세요. 기호에 따라 후춧 가루를 더합니다.

MJ의 한 끗

마무리에 간을 더할 때 국간 장을 더해도 되지만 국물색이 조금 탁해질 수 있어요.

오징어 뭇국

달큰한 감칠맛이 일품인 오징어 뭇국을 쌀쌀한 날씨에 한 그릇 먹으면 속이
확 풀리는 느낌이 들어요. 이번 레시피의 포인트는 바로 무를 볶을 때 고추기
름을 만든 다음에 밑간해주는 거예요.

난이도 ★★★☆☆
분량 3~4인분
조리시간 30~40분

준비하기

기본재료

물 1.4L
국물용 멸치 10~12개
다시마 2장(4cmX4cm)
멸치다시마육수 1.1L
오징어 300g(작은사이즈 2마리)
참기름(또는 들기름) 0.5큰술
무 1토막(150g)
양파 1/2개
대파 1대
고춧가루 1큰술
마늘 3알
액젓 1큰술
국간장 1큰술
소금 0.5작은술

MJ의 한 끗

칼칼한 맛을 더하고 싶다면 청양고추를 더하세요.

1 내장을 제거한 국물용 멸치는 프라이팬에 가볍게 볶아 비린내를 날려줍니다.

물 2L로 육수를 내면 1.1L분량의 육수가 나옵니다.

2 물 1.4L에 다시마 2장을 넣고 끓으면 약불로 줄여 3분 후 건집니다. 멸치는 6~7분간 약불로 더 끓여주세요.

3 무는 한 입 크기로 썰고 오징어는 1cm 두께로 썰어줍니다.

다진 마늘을 넣는 것 보다 편마늘이 국물이 깔끔해요.

4 양파 1/2개는 채썰고 대파 1대는 4cm 길이로 썰고 굵다면 반으로 나눠줍니다. 마늘 3알은 편으로 썰어주세요.

5 참기름 0.5큰술을 두르고 무를 볶습니다. 액젓 1큰술을 부어 1분간 볶아주세요.

6 고춧가루 1큰술을 넣고 약불로 20초간 가볍게 볶습니다.

7 멸치다시마육수 1.1L를 넣어주고 대파, 양파, 마늘을 넣어줍니다.

8 손질한 오징어를 넣고 끓여주세요. 오징어가 익으면 국간장 1큰술과 소금 0.5작은술로 간을 맞춥니다.

부추 계란국

간단한 아침식사로 만들어도 좋고 볶음밥과 함께 먹어도 맛있는 부추 계란국 입니다. 간단하게 만들 수 있지만 맛있게 끓이는 비법이 있어요. 바로 계란과 국에 따로 간을 하는 거예요. 이제껏 계란국을 끓일 때마다 어딘가 부족한 맛이 있었다면 이 레시피를 따라 해보세요.

난이도	★★☆☆☆
분량	3~4인분
조리시간	20~30분

준비하기

기본재료

물 1L
다시마 2장(4X4cm)
계란 4개
부추 1줌(50g)
소금 1/2작은술
양파 1/4개

밑간양념

참치액젓 1큰술
국간장 1큰술
후춧가루 약간

1 부추는 세척 후 물기를 빼고 2cm 길이로 썰고 양파 1/4개는 채썰어주세요.

2 계란 4개, 양파 1/4개, 부추, 소금 1/2작은술을 섞어줍니다.

3 물 1L에 다시마 2장을 넣어 끓여주세요. 끓어오르면 중약불로 줄이고 3~4분 후 다시마를 건져줍니다.

4 다시마를 건져내고 밑간양념을 넣어줍니다. 양념을 넣은 후 끓기 시작하면 계란물을 가운데부터 가장자리 방향으로 원을 그리며 부어줍니다.

5 계란을 젓지 않고 40~50초간 끓여주세요. 간이 부족하면 소금을 더합니다.

MJ의 한 끗

다시마는 찬물에 감칠맛이 더 잘 우러나요. 시간이 있다면 미리 찬물에 담가 두시면 더 좋습니다.

129

소고기 감자국

파근파근하고 부드러운 감자 향과 진한 소고기의 맛이 어우러진 소고기 감자국은 소고기 뭇국과는 또 다른 매력이 있어요. 국거리용 소고기로도 끓일 수 있지만, 소불고기감이 더 부드럽고 식감이 좋아요.

난이도	★★☆☆☆
분량	3~4인분
조리시간	30~40분

준비하기

기본재료

감자 2개

소불고기 250g

대파 10cm

멸치다시마육수 1.2L

들기름(또는 참기름) 1큰술

다진 마늘 0.5큰술

국간장 2큰술

소금 약간

후춧가루 약간(선택)

1 소불고기 250g은 키친타월에 올려 핏물을 빼고 먹기 좋은 크기로 썰어줍니다.

2 감자 2개는 반으로 잘라 두께 0.3cm 정도로 썰어주세요. 대파 10cm도 쫑쫑 썰어줍니다. <u>TIP. 너무 얇게 썰면 감자가 부서져요.</u>

3 감자는 물에 5분 정도 담가 전분기를 빼고 건져줍니다.

4 들기름 1큰술을 두르고 중불로 감자와 소고기를 1분간 볶아주세요.

5 멸치다시마육수 1.2L를 넣어주고 센불로 끓여주세요. 육수가 끓으면 중불로 줄여 8~9분간 더 끓여줍니다. 거품은 건져주세요.

6 대파와 국간장 2큰술, 다진 마늘 0.5큰술을 더해 간을 합니다. 1~2분 더 끓이다 불을 꺼주고 부족한 간은 소금을 더하고 후춧가루는 기호에 따라 더해주세요.

참치 미역국

미역국은 대한민국 밥상에 자주 오르는 대표적인 국 중 하나죠. 함께 넣는 재료에 따라 매력이 달라져 지루하지 않은 국이기도 합니다. 그중에서도 참치캔을 활용해 끓인 미역국은 간단하면서도 맛이 특별해 소개하고 싶었던 레시피입니다. 주부님들에게도 인기가 좋았던 레시피이니 한번 만들어보세요.

난이도	★☆☆☆☆
분량	4인분
조리시간	30~40분

기본재료

자른 건미역 4큰술
다시마육수(또는 물) 1.4L
참치캔 1캔
참기름 1.5큰술
다진 마늘 2/3큰술
참치액젓 2큰술
국간장 2~3큰술

1 건미역 4큰술은 20분간 물에 불리고 물기를 꼭 짜주세요.

2 참기름 1.5큰술을 두르고 2~3분간 미역을 볶습니다.

3 다시마육수 또는 물 1.4L를 넣어줍니다. 물이 끓으면 중약불로 줄이고 7~8분간 끓입니다.

4 기름을 제거한 참치 1캔을 넣고 다진 마늘 2/3큰술도 넣어줍니다. 3~4분간 더 끓여주세요.

 MJ의 한 끗

참치 미역국 1인분 미역의 양은 잘게 자른 미역 1큰술이 소복하게 쌓인 양과 같습니다. 참고하셔서 분량에 맞게 끓여보세요. 캔참치를 드실 땐 참치를 다른 그릇에 옮겨 10분 정도 그대로 두셨다 드시면 안전하게 드실 수 있어요.

5 참치액젓 2큰술을 넣고 부족한 간은 국간장을 약간 더해 줍니다.

고등어 무조림

난이도 ★★☆☆☆

분량 3~4인분

조리시간 30~40분

친정아버지께서 좋아하시는 음식이라 어릴 때부터 자주 먹었던 메뉴예요. 친정어머니가 아주 맛있게 만드셨는데 비법을 여쭤보면 '된장 약간 넣고, 간장 넉넉히 넣고'라고 알려주셨어요. 그 맛을 떠올리며 레시피를 정리해봤어요. 맛보장 요리이니 저만 믿고 만들어보세요.

기본재료

고등어 2마리(조림용)
감자 1개
양파 1/2개
무 1토막
홍고추 1/2개
청양고추 1개(선택)
대파 20cm
쌀뜨물 850ml
된장 1큰술

양념장

간장 4큰술
멸치액젓 1큰술
물엿(또는 올리고당) 1큰술
된장 2/3큰술
고추장 2/3큰술
설탕 1/3큰술
고춧가루 3큰술
맛술 3큰술
다진 마늘 1큰술
생강가루(또는 다진 생강) 1작은술
후춧가루 약간

MJ의 한 끗

고등어의 핏물을 잘 제거하고 조려야 비린내 없이 맛있게 조릴 수 있어요. 된장을 푼 쌀뜨물에 고등어를 담가두었다가 조림을 하는 이유는 비린내도 잡을 수 있고, 된장 덕분에 생선살은 탄탄해지기 때문이에요.

1 고등어는 깨끗하게 세척합니다. 쌀뜨물 450ml에 된장 1큰술을 풀어주세요. 고등어를 30분간 담가 둔 후 조리하세요.

2 무는 0.5cm 두께로 썰고 감자는 1.5cm 두께로 썰어줍니다. 양파는 채썰고 대파, 홍고추, 청양고추도 어슷썰어 주세요.

3 양념장을 만들어주세요. TIP. 양념장은 미리 만들어 숙성시키면 더 깊은 맛이 나요.

4 감자와 무를 깔고 생선살을 올려줍니다. TIP. 애호박을 깔아주어도 맛있어요.

5 쌀뜨물 400ml와 준비한 양념장을 넣어줍니다. 국물을 끼얹으며 7~8분간 조려주세요.

6 국물이 반 정도 줄어들면 채썬 양파를 골고루 올려줍니다. 1분간 국물을 끼얹으며 조려요. 대파와 홍고추, 청양고추를 올려 1분간 더 조려주세요.

소불고기 육개장

육개장은 한 그릇에 다양한 재료가 골고루 들어 있어 영양도 아주 좋은 음식
이랍니다. 지방마다 만드는 방식이 조금씩 다르지만, 일반적으로 양지를 삶은
뒤 결대로 찢어서 끓이더라고요. 이번 레시피는 소불고깃감을 이용해 끓여낸
육개장인데, 식감이 부드러워 익힌 채소와 어울림이 정말 좋아요.

난이도	★★★☆☆
분량	2~3인분
조리시간	20분

기본재료

소불고기 300g
참기름 1큰술
식용유 1큰술
고사리 200g
숙주(또는 콩나물) 4줌(200g)
대파 2대
무 1토막(150g)
고춧가루 2.5큰술
멸치다시마육수 1.8L
참치액젓 2큰술
국간장 2~3큰술
다진 마늘 1큰술
후춧가루 약간

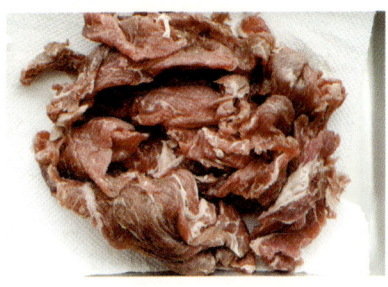

1 소불고기 300g은 키친타월에 올려 핏물을 제거합니다.

대파는 넉넉히 넣으면 더 맛있어요.

2 고사리 200g, 무 1토막, 대파 2대는 세척한 뒤 물기를 없앱니다. 고사리는 먹기 좋은 크기로 썰어주세요.

3 참기름과 식용유 각 1큰술을 두르고 4~5cm 길이로 자른 대파를 중불로 1분간 볶아주세요.

4 핏물을 제거한 소불고기와 국간장 1큰술을 넣고 겉면이 익을 정도로 1분간 볶습니다. 고춧가루 2.5큰술을 넣고 약불로 20초간 볶아주세요.

5 멸치다시마육수 1.8L를 넣어요. 다진 마늘 1큰술과 함께 숙주, 고사리를 넣습니다. 먹기 좋게 썬 무도 넣어줍니다. 끓어오르면 중약불로 줄여 20분간 끓여주세요.

6 참치액젓 2큰술, 국간장 1~2큰술, 후춧가루를 더해 간을 합니다.

137

얼큰 순두부찌개

칼칼한 국물맛과 부드러운 순두부의 식감이 어우러진 순두부찌개 하나만 있으면 밥 한 공기는 순식간에 해치우죠. 바지락이나 오징어 같은 해산물을 더하면 감칠맛이 더욱 좋아지지만 최소한의 재료로도 감칠맛나게 끓이는 방법을 알려드릴게요.

난이도	★★★☆☆
분량	3~4인분
조리시간	30~40분

기본재료

돼지고기 다짐육 1/2컵(80g)
쫑쫑 썬 김치 1/2컵
순두부 1봉
멸치다시마육수 600ml
애호박 1/2개
표고버섯 2개
양파 1/2개
대파 20cm
계란(기호에 따라 선택)
식용유 1.5큰술

양념재료

고춧가루 2큰술
다진 마늘 1큰술
굴소스 2/3큰술
멸치액젓(또는 국간장) 2큰술
소금 약간
청양고추(선택)

김치는 소량으로 넣어야 감칠맛이 좋아요.

1 돼지고기 다짐육 1/2컵은 키친타월로 핏물을 제거해요. 김치는 가위로 잘게 썰어 1/2컵을 준비하세요.

2 표고버섯은 슬라이스하고 대파는 쫑쫑 썰고 애호박 1/2개는 0.3cm 두께로 반달썰기를 합니다. 양파는 먹기 좋게 썰어주세요.

3 식용유 1.5큰술을 두르고 대파와 돼지고기를 2~3분간 볶아주세요.

고춧가루는 타기 쉬우니 타지 않게 조심하세요

4 쫑쫑 썬 김치를 넣고 30~40초 볶은 뒤 고춧가루 2큰술, 굴소스 2/3큰술을 넣고 중약불로 30초간 볶습니다.

5 멸치다시마육수 600ml를 넣고 양파를 넣어줍니다. 센불로 끓이다 끓어오르면 중불로 3~4분 더 끓여주세요.

6 버섯과 애호박을 넣고 순두부 1봉을 넣어 5~6분 더 끓여줍니다.

MJ의
한끗

계란을 넣어 끓일 때 계란 익는 시간이 생각보다 오래 걸려요. 4분 이상 뚜껑을 덮고 익혀야 계란이 익으니 이 점 참고하세요.

7 멸치액젓과 다진 마늘, 소금을 넣어 간을 해주세요. 청양고추나 홍고추를 취향껏 더하고 3~4분간 끓이고 불을 끕니다.

맑은 명란 순두부탕

개운한 국물에 명란의 감칠맛과 부드러운 순두부의 조합은 정말이지 사랑스
럽죠. 쌀쌀한 날씨에 얼어 있던 몸을 사르르 녹여주고 속을 확 풀어주는 따뜻
한 요리예요. 비린내 없는 멸치다시마육수와 명란만 준비하시면 국물 맛은 확
실하답니다.

난이도	★★☆☆☆
분량	3~4인분
조리시간	30~40분

기본재료
멸치다시마육수 1.2L
명란 4~5알(100g)
순두부 1봉(350g)
무 1토막(150g)
애호박 1/2개
대파 15cm
홍고추 1/2개
청양고추 1개(선택)
소금 1작은술

1 무 1토막은 한 입 크기로 썰어주세요. 애호박 1/2개는 반으로 나누고 1cm 두께로 썰어줍니다. 대파 15cm는 쫑쫑 썰고 홍고추 1/2개는 어슷썰어요.

2 명란 4~5알은 먹기 좋은 크기로 썰어줍니다. 양념이 되어 있다면 겉면을 물로 씻어냅니다.

3 순두부 1봉을 썰어 준비해요. TIP. 순두부 대신 두부를 사용해도 좋아요.

4 멸치다시마육수 1.2L를 준비하고, 무를 넣고 3~4분 끓입니다.

5 이어 명란과 애호박을 넣고 8~9분 끓여주세요. TIP. 마늘을 넣는다면 마늘 1~2알을 편으로 썰어 넣어주시는 것이 좋습니다.

6 맑은 국물이 되도록 거품은 건져내고 소금 1작은술을 더해 간을 맞추세요. 청양고추 또는 홍고추를 더해 매운 맛을 기호껏 조절하세요. TIP. 명란 염도가 다르니 소금 간은 기호껏 조절합니다.

141

차돌박이 된장찌개

차돌박이의 진한 맛과 된장의 구수함이 녹아있는 된장찌개를 소개합니다. 고추장을 섞어 만드는 것이 특징이며 감자가 특히 잘 어울려요. 무 한 줌을 더하면 시원한 맛을 낼 수 있어요. 매력적인 국물 맛에 빠지다 보면 어느새 냄비 바닥이 드러날 거예요.

난이도	★★★☆☆
분량	3~4인분
조리시간	40~50분

기본재료
멸치다시마육수(또는 쌀뜨물)
1.2L
차돌박이 150g
감자 2개
애호박 1/3개
무 1토막(100g)
팽이버섯 1묶음
청양고추 1개
홍고추 1/2개(선택)
대파 10cm
된장 2큰술
소금 약간

양념장
고춧가루 1.5큰술
다진 마늘 0.5큰술
고추장 1큰술
참치액(또는 국간장) 1큰술

1 차돌박이 150g은 해동 후 키친타월로 핏물을 잘 제거해주세요.

2 감자 2개와 애호박 1/3개는 1cm 두께로 썹니다. 무 1토막은 한 입 크기로 썰어주고 대파 10cm와 팽이버섯 1묶음을 준비해요.

3 양념장을 만들어 차돌박이와 함께 섞어줍니다.

4 중불에서 30~40초간 타지 않게 볶습니다.

쌀뜨물의 경우 2~3번 씻은 물을 사용합니다.

5 쌀뜨물 또는 멸치다시마육수 1.2L를 넣어주세요. 된장 2큰술을 넣어주고 풀어줍니다.

6 감자와 무를 넣고 4~5분 끓이다 애호박을 넣고 4~5분 더 끓여주세요.

7 팽이버섯, 대파, 고추를 더합니다. 부족한 간은 소금을 약간 더하세요.

고깃집 된장찌개

가끔 고깃집에서 식사 마지막에 먹던 된장찌개 맛이 생각나 만든 레시피예요.
돼지고기로 진한 육수를 낸 뒤 된장을 풀고 쌈장 한 스푼을 더하면 식당에서
만 먹던 고깃집 된장찌개를 집에서도 맛볼 수 있어요.

난이도	★★★☆☆
분량	3~4인분
조리시간	30~40분

기본재료

멸치다시마육수 700ml

돼지고기 다짐육 100g

애호박 1/3개

무 1토막

양파 1/3개

두부 1/2모

청양고추 1개

홍고추 1/2개(생략가능)

표고버섯 3개(기호에 따라 버

섯류 선택)

된장 2큰술

쌈장 1큰술

다진 마늘 1큰술

고춧가루 1~1.5큰술

1 표고버섯 3개, 애호박 1/3개는 적당한 두께로 채썰어주세요. 양파 1/3개, 무 1토막과 두부 1/2모는 먹기 좋게 썰어주세요. 청양고추는 쫑쫑 썰어요.

2 멸치다시마육수 700ml를 넣고 돼지고기 다짐육 100g을 넣어줍니다. TIP. 조개류나 꽃게를 더하면 더 깊은 맛이 나요.

3 된장 2큰술과 쌈장 1큰술을 넣고 풀어준 뒤 무를 넣고 3~4분 끓입니다. TIP. 된장은 각각 염도가 다르니 간에 따라 육수를 더하세요.

4 애호박, 표고버섯, 양파, 두부, 다진 마늘을 넣고 5~6분 더 끓여주세요.

5 마무리로 고춧가루 1~1.5큰술과 썰어둔 청양고추를 더합니다.

MJ의
한 끗

개인적으로는 집된장과 시판
된장을 반반 섞고 쌈장을 더
해 끓이는 버전을 좋아하는데
집된장이 없다면 시판 된장과
쌈장만으로 끓이셔도 좋아요.

갈치조림

어릴 때부터 생선조림을 좋아하셨던 친정아버지 덕분에 정말 자주 먹었던 음식인데요. 먹었던 내공이 깊다 보니 자신 있는 메뉴 중 하나입니다. 보통 무를 깔고 만드시는데 감자만으로 만들어보세요. 따라 해본 주부님들이 '인생 갈치조림'이라고 칭찬하는 레시피입니다.

| 난이도 ★★★☆☆ |
| 분량 3~4인분 |
| 조리시간 30~40분 |

기본재료
갈치 4~5토막
감자 2개
쌀뜨물 400ml
대파 20cm
양파 1/2개
홍고추 1개

양념장
간장 6큰술
고춧가루 2큰술
된장 0.5큰술
고추장 0.5큰술
맛술(또는 청주) 3큰술
설탕 1큰술
물엿(또는 올리고당) 1큰술
다진 마늘 1큰술
다진 생강(또는 생강가루) 1작은술
후춧가루 약간

녹말물
녹말 0.5큰술
물 1큰술

MJ의
한 끗

이 레시피의 포인트는 맛있는 양념장과 마지막에 넣는 녹말물이에요. 녹말물을 한바퀴 둘러가며 뿌려주고 숟가락을 이용해 양념장을 갈치에 얹어가며 조리는 과정을 추가하면 더욱 맛있는 갈치조림이 된답니다. 이 갈치조림은 양념장이 걸쭉한 것이 특징이라 무보다는 전분 성분이 있는 감자가 더 어울림이 좋아요.

1 갈치 4~5토막은 껍질 부분을 칼로 긁어주고 지느러미는 가위를 이용해 제거한 뒤 준비합니다.

2 양파 1/2개는 채썰고 대파 20cm와 홍고추 1개는 어슷썰고 감자 2개는 1cm 두께로 썰어주세요.

양념장을 냉장고에서 숙성시키면 더욱 맛있어요.

3 양념장을 비율대로 섞어 준비합니다.

4 냄비 아래 부분에 감자를 깔고 갈치를 올린 뒤 쌀뜨물 400ml과 양념장을 올려줍니다.

5 끓기 시작하면 중약불로 줄이고 6~7분간 조려주세요. 중간에 한번씩 양념장을 끼얹어 줍니다.

6 채썬 양파, 대파, 홍고추를 얹어주세요.

7 양념장을 끼얹어가며 6~7분 더 조리고 마무리에 녹말물을 삥 둘러가며 뿌려주고 양념장을 골고루 끼얹은 후 불을 끕니다.

햄고추장찌개

부대찌개와는 또 다른 매력인 햄고추장찌개예요. 고추장의 감칠맛에 김치와 햄이 곁들여져 칼칼하고 짭조름한 맛이 일품이랍니다. '간단한 재료를 맛있게 끓일 만한 찌개가 없을까?' 라는 고민이 들 때 추천해 드리는 메뉴입니다.

난이도 ★★★☆☆
분량 3~4인분
조리시간 40~50분

준비하기

기본재료
멸치다시마육수 800ml
스팸 1캔
쫑쫑 썬 김치 1컵
감자 1개
애호박 1/2개
양파 1/2개
대파 20cm
두부 1/2모
청양고추 1/2개(선택)
홍고추 1/2개(선택)
식용유 2큰술
참치액젓 1큰술

양념장
다진 마늘 2/3큰술
고추장 1큰술
설탕 1작은술
고춧가루 1큰술

1 김치는 잘게 썰어 1컵을 준비합니다.

2 스팸 1캔은 한 입 크기로 깍둑썰고 두부 1/2모, 애호박 1/2개, 양파 1/2개, 감자 1개 도 비슷한 크기로 깍둑썰어 준비합니다.

3 대파 20cm는 쫑쫑 썰고 홍고추와 청양고 추도 어슷썰어 준비해요.

4 식용유 2큰술을 두르고 쫑쫑 썬 김치 1컵 과 양념장을 넣고 중약불로 2분간 볶아줍 니다.

MJ의 한 끗

멸치다시마육수도 추천하지 만, 고추장찌개이기 때문에 쌀 뜨물과도 어울려요. 쌀뜨물을 사용할 땐 2번째 또는 3번째 씻은 물을 사용하세요.

5 멸치다시마육수 800ml를 넣고 끓어오르 면 햄, 애호박, 양파, 감자를 넣고 5~6분 간 끓여주세요.

6 두부와 대파를 넣고 4~5분 더 끓여냅니 다. 참치액젓 1큰술을 더해 간을 맞추고 취향에 따라 청양고추와 홍고추를 약간 더해요.

149

마성의 짜글이찌개

| 난이도 ★★★☆☆ |
| 분량 3~4인분 |
| 조리시간 30~40분 |

짜글이 전문점 못지않은 맛의 애호박 두부 짜글이찌개는 재료의 조합이 정말
예술인 요리입니다. 제가 아끼는 메뉴 중 하나죠. 부드러운 두부와 달큰한 애
호박의 감칠맛이 어우러져 숟가락을 놓을 수가 없어요. 식탁 위 밥도둑이니 조
심하세요. 모두 허리띠를 풀고 식탁으로 모이셔야 할 거예요.

준비하기

기본재료

두부 1모
애호박 1개
돼지고기 찌개용(또는 목살이
나 뒷다리살) 200g
대파 15cm
양파 1개
멸치다시마육수(또는 쌀뜨물)
500ml
청양고추 1개
홍고추 1/2개
식용유 2큰술

양념장

고춧가루 2큰술
진간장 3큰술
액젓 1.5큰술
맛술 2큰술
고추장 1큰술
올리고당 2큰술
다진 마늘 1.5큰술
생강가루(다진 생강) 1작은술

1 두부 1모는 1cm 두께로 썰어줍니다.

2 애호박 1개도 1cm 두께로 썰어주세요.

3 식용유 2큰술을 두르고 양념장과 돼지고기 200g을 섞어 고기 겉면이 익을 때까지 볶습니다.

4 불을 끄고 멸치다시마육수나 쌀뜨물 500ml를 넣어줍니다. 애호박과 두부를 차곡차곡 올려줍니다.

5 채썬 양파 1개를 소복하게 올리고 중불로 뭉근하게 3~4분 정도 끓여주세요.

6 국물이 자작해지면 어슷썬 대파와 기호에 따라 청양고추와 홍고추를 더해주세요. 국물을 끼얹어가며 졸이다 국물이 적당해지면 불을 꺼주세요.

양배추쌈과 강된장

예전에 유명한 강된장 맛집을 방문했는데 강된장에서 고소한 맛이 나더라고
요. 콩가루나 미숫가루를 사용한 것 같아 따라 해본 레시피였는데 성공적이었
어요. 뜨거운 밥 위에 한 숟갈 푹 떠서 비벼 먹어도 맛있고, 부들부들한 양배추
쌈과 먹어도 맛있어요.

| 난이도 ★★★☆☆ |
| 분량 2~3인분 |
| 조리시간 30~40분 |

기본재료
멸치다시마육수 300ml
참기름 1큰술
식용유 0.5큰술
시판 된장 3큰술(또는 집된장 2큰술)
고추장 0.5큰술
돼지고기 다짐육 200g(또는 다짐육 150g+새우살 50g)
표고버섯 2개
애호박 1/3개
양파 1/2개
양배추 1/2개
청양고추 1개
두부 1/4모
대파 10cm
미숫가루(또는 볶은 콩가루) 3 큰술

1 멸치다시마육수 300ml를 준비해줍니다.

2 표고버섯 2개, 양파 1/2개, 애호박 1/3개를 잘게 썰고 대파와 청양고추도 송송 썰어 준비합니다.

3 참기름 0.5큰술, 식용유 0.5큰술을 냄비에 두릅니다. 돼지고기 다짐육 200g과 대파를 넣고 볶아주세요. 고기 겉면이 익으면 된장 3큰술을 넣고 약불로 10초 볶아주세요.

4 준비한 멸치다시마육수 300ml에 고추장 0.5큰술을 더하고 애호박, 양파, 표고버섯, 두부를 넣고 센불로 끓여줍니다. 끓어오르면 2분후 중불로 줄이고 5분 더 끓입니다.

MJ의 한 끗

강된장에 들어가는 주재료로 고기 대신 바지락살을 사용할 경우 소금물에 흔들어 씻은 후 체에 물기를 제거하고 넣습니다. 바지락살은 채소가 익은 뒤에 넣어 2분간 끓입니다. 양배추는 농약이 많아 물에 10분 정도 담근 후 사용하세요. 익혀먹을 때 식감은 8분이 적당합니다. 전자레인지의 경우 5~6분 돌려주세요.

5 기호에 따라 청양고추를 더하고 마무리에 참기름 0.5큰술, 미숫가루 또는 볶은 콩가루 3큰술을 더합니다.

6 냄비에 물을 3컵을 넣고 끓어오르면 중불로 줄인 후 잘 씻은 양배추를 넣고 8~10분 삶아주세요.

아욱국

가을 아욱은 사립문 닫고 먹는다는 말이 있죠? 가을이 깊어지는 시기에 꼭 끓여 먹는 국입니다. 제대로 끓이면 국밥만큼 맛있답니다. 아욱국을 끓일 때 중요한 포인트는 아욱 손질에 있어요. 억센 줄기 부분은 벗기고 세척할 때 손에 힘을 주고 바락바락 씻어 줘야 아욱 특유의 풋내가 사라진답니다.

난이도	★★☆☆☆
분량	3~4인분
조리시간	30~40분

기본재료

아욱 150g

멸치다시마육수(또는 쌀뜨물) 1.2L

소고기 다짐육 100g

보리새우(또는 건새우) 20g

양파 1/2개

대파 15cm

청양고추 1개(선택)

된장 1.5큰술

고추장 0.5큰술

고춧가루 0.5큰술

다진 마늘 0.5큰술

참치액젓(또는 국간장) 0.5큰술

1 아욱은 억센 줄기 부분을 벗기고 세척합니다. 손에 힘을 주고 바락바락 주물러가며 2~3번 세척합니다. 세척 후 5cm 길이로 잘라주세요.

2 소고기 다짐육 100g은 핏물을 빼줍니다.

3 대파 15cm는 쫑쫑 썰고 양파 1/2개는 얇게 채썰어주세요.

4 멸치다시마육수 1.2L를 준비해요. 깔끔한 국물을 위해 된장 1.5큰술과 고추장 0.5큰술은 체에 올려 풀어줍니다.

5 된장을 풀고 육수가 끓으면 보리새우와 소고기를 넣어주고 3~4분간 끓입니다.

6 아욱과 양파, 대파, 다진 마늘을 넣고 중불로 7~8분 정도 끓여주세요. 참치액젓을 0.5큰술 더해 부족한 간을 맞추고 고춧가루를 더해주세요. 취향에 따라 청양고추를 약간 더합니다.

MJ의 한 끗

소고기 다짐육과 보리새우를 더하면 국물 맛이 일품이에요.

배추굴국

배추가 맛있어지는 겨울에는 굴도 맛있어집니다. 가장 맛있어지는 계절의 맛을 품은 두 재료가 만나면 어떤 일이 벌어질까요? 맛있게 잘 끓여서 한 숟갈 입에 넣으면 입 안 가득 시원한 맛이 차오릅니다. 제철에만 맛볼 수 있는 요리니 놓치면 안되겠죠?

난이도	★★☆☆☆
분량	3~4인분
조리시간	30~40분

⏱ 준비하기

기본재료
멸치다시마육수 1.2L
두부 1/2모
배추 4장
굴 150~200g
대파 20cm
청양고추 1/2개
홍고추 1/2개
된장 2큰술
참치액젓 1~1.5큰술
다진 마늘 0.5큰술

1 배추 4장은 4~5cm 간격으로 일정하게 자르거나 사선으로 어슷썰어 준비합니다. 두부 1/2모는 1cm 두께로 썰고 굴은 세척하여 준비해요.

2 대파 20cm는 쫑쫑 썰고 청양고추와 홍고추는 작게 어슷썰어 준비해요.

3 된장 2큰술은 체에 올려 풀어줍니다. TIP. 된장은 굴 비린내를 잡아주는 역할도 해요.

4 멸치다시마육수 1.2L와 배추를 넣은 뒤 끓어오르면 중약불로 줄이고 6~7분 끓여줍니다.

MJ의 한 끗

된장을 엷게 풀어야 시원한 맛을 느낄 수 있어요. 연한 된장물을 베이스로 한 뒤 액젓을 더해 간을 하고 감칠맛도 살려주세요. 굴 세척은 무즙을 강판에 갈아 넣어 살살 흔들어가며 이물질을 제거해주는 방법, 굵은 소금을 뿌려 문질러 이물질을 제거하는 방법이 있어요.

5 두부를 넣고 다진 마늘 0.5큰술을 넣습니다. 참치액젓 1~1.5큰술을 더해 간을 한 뒤 굴을 넣어줍니다.

굴은 넣어야 굴 향이 날아가지 않아요

6 고추와 대파를 넣고 2분 정도 더 끓인 후 불을 끄세요.

Part4

반찬 메뉴
26가지

두고두고 먹을 수 있는 저장 반찬부터
가족 모두 맛있게 즐길 수 있는 매일 반찬과
간단한 김치 레시피까지 소개합니다.

크래미 숙주무침

아이 반찬으로 자주 만드는 요리예요. 아삭하면서도 부드러운 식감도 좋지만, 해독작용에도 탁월하답니다. 이번 레시피는 자칫 손상되기 쉬운 숙주의 풍부한 영양소와 아삭한 식감을 모두 살리는 방법을 담아보았어요.

난이도	★★☆☆☆
분량	3~4인분
조리시간	20~30분

기본재료

숙주 1봉(280g)
크래미 8개
굵은 소금 0.3큰술
참기름 1큰술
통깨 약간

양념재료

참치액젓 2/3큰술
다진 대파 1큰술
다진 마늘 1작은술

1 숙주 1봉은 물에 흔들어가며 세척합니다. 2~3번 세척하고 체반에 올려 물기를 빼주세요.

2 굵은 소금 0.3큰술을 뿌리고 잘 섞이도록 버무립니다.

3 물을 넣지 않고 냄비에 숙주를 넣은 후 뚜껑을 덮어 불을 켜주세요. 김이 오르면 40초 후 불을 끄고 뚜껑 덮은 채로 1분 동안 그대로 둡니다.

4 찬물에 헹구지 않고 넓은 쟁반에 펼쳐두고 그대로 식힙니다. TIP. 냉장고나 냉동실에 3~4분 넣었다가 꺼내주면 식감이 더 아삭해져요.

 MJ의 한끗

숙주는 물에 데치는 것보다 무수분으로 익히면 영양소를 지킬 수 있어요. 숙주 안에 수분이 많아 따로 물을 넣지 않아도 데쳐진답니다. 데치고 찬물에 담갔다 물기를 짜는 과정에서 숙주는 영양소가 손상되기 쉬운데 오늘 알려드린 것처럼 데치시면 영양소도 식감도 다 잡을 수 있답니다.

5 크래미 8개를 잘게 찢어서 숙주와 무쳐주세요. 양념재료도 같이 무쳐줍니다.

6 참기름 1큰술을 넣고 통깨와 함께 버무려줍니다.

마약 계란장

SNS에서 핫한 레시피였던 마약 계란장을 소개합니다. 일본식 계란장인 아지
타마고를 한국식으로 변형한 레시피라고 할 수 있는데, 불로 조리하지 않는 레
시피라 특히 여름철에 만들기 좋죠. 몇 번에 걸쳐 만들어 본 끝에 얻어낸 짜지
않고 감칠맛이 좋은 계란장이에요.

난이도	★★★☆☆
분량	약 4~5회
조리시간	30~40분

기본재료

계란 10개
두부 1모
식초 1큰술
소금 0.5큰술
식용유 약간

양념장

간장 150ml
물 300ml
참치액젓 2큰술
맛술 2큰술
설탕 4큰술
다진 마늘 1큰술
양파 1/2개
쪽파(또는 대파) 15cm
청양고추 1개
홍고추 1개
통깨 1큰술

MJ의
한 끗

이번 레시피는 계란장과 함께 두부를 넣어 먹는 방법을 소개했습니다. 두부 같은 경우 냉동실에 얼렸다 해동하면 수분이 빠져나가고 쫄깃한 식감이 됩니다. 에어프라이어에 두부를 넣고 190도 20분, 뒤집어서 7~8분 조리해주셔도 맛있게 드실 수 있어요. 국물과 계란을 으깨서 밥에 비벼 먹어도 맛있고 아보카도를 곁들여 먹어도 좋아요.

계란 삶는 시간 반숙은 6분 30초, 완숙은 8분입니다.

1 계란은 미리 상온에 꺼내두고 식초 1큰술, 소금 0.5큰술을 넣은 물에 삶아주세요.

2 쪽파 15cm, 양파 1/2개, 홍고추 1개, 청양고추 1개 모두 잘게 다집니다.

3 위생백 하나를 준비합니다. 삶은 계란은 찬물에 담가 두었다가 껍질을 까서 준비해줍니다.

4 양념장을 만듭니다. 양념장에 다진 쪽파, 양파, 청양고추, 홍고추, 통깨도 넣어주세요.

5 두부를 넣을 경우 미리 키친타월로 수분을 빼줍니다.

6 프라이팬에 올려 식용유를 약간만 두르고 두부를 지져주세요.

7 위생백에 양념장과 구운 두부를 넣고 밀봉합니다. 하루 정도 냉장고에서 숙성 후 드세요.

163

베이컨 오이볶음

오이가 제철인 시기에 아이 반찬으로 자주 만드는 베이컨 오이볶음을 소개할게요. 오이를 새콤달콤 무쳐 먹는 맛이 좀 지루해질 때 즈음 베이컨을 넣어서 한번 아삭하게 볶아 드셔보세요. 오이와 베이컨이 만나 재밌는 식감과 맛을 연출한답니다.

난이도	★★★☆☆
분량	3~4인분
조리시간	20~30분

기본재료

오이 2개
베이컨 3줄
소금 0.5큰술
식용유 1.5큰술
홍고추 1개
다진 마늘 1작은술
참기름(또는 들기름) 2/3큰술
통깨 약간
후춧가루 약간

1 깨끗하게 세척한 오이 2개를 0.2cm 두께로 썰어주세요.

2 소금 0.5큰술을 넣고 오이에 버무려 절여줍니다.

3 20~30분간 절인 후 물에 가볍게 헹궈준 뒤 삼베 주머니나 면보에 옮깁니다.

4 물기를 꼭 짜고 볼에 담아주세요. 손으로 짜낸 경우 최대한 물기를 짜고 키친타월로 한 번 더 물기를 제거하시면 됩니다.

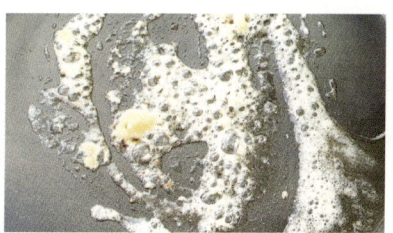

5 프라이팬에 식용유 1.5큰술을 두르고 다진 마늘 1작은술을 넣은 뒤 약불로 20초간 볶습니다.

6 수분을 제거한 오이를 넣고 2분간 볶아주세요.

홍고추를 넣을 경우 씨를 제거하고 얇게 썰어 넣어주세요.

7 베이컨 3줄과 홍고추 1개를 넣고 센불로 1분간 더 볶습니다. 참기름이나 들기름 2/3큰술을 더하고 후춧가루를 더해주세요.

통깨로 마무리해요.

8 볶은 후 넓은 쟁반에 펼쳐 빠르게 열기를 식혀주세요. 아삭한 식감으로 드실 수 있습니다. 이대로 냉장고에 바로 넣어 5분 후 꺼내 주셔도 좋습니다.

땅콩조림

땅콩조림은 제가 정말 자신 있는 반찬 중 하나인데요. 크기는 작지만, 영양만큼은 작지 않다죠. 마지막 한 알까지 맛있는 땅콩 조림 비법을 알려드릴게요. 비법 포인트는 바로 캐러멜라이징입니다. 전체적으로 갈색의 윤기가 흐를 때까지 바짝 양념을 조려내면 남다른 맛과 비주얼을 볼 수 있어요.

난이도	★★★☆☆
분량	7~8회
조리시간	30~40분

기본재료

땅콩 400g

물 350ml

식용유 1큰술

간장 5.5큰술

조청 4큰술

설탕 1.5큰술

맛술 2큰술

통깨 약간

1 땅콩 400g은 조리 30분 전에 미리 물에 담가 불려두세요.

식용유는 땅콩껍질이 벗겨져 지저분해지는 것을 방지해주고 윤이 나게 해줘요

2 땅콩이 잠길 정도로 물을 붓고 식용유 1큰 술을 넣은 다음 끓여주세요. 끓기 시작하 면 3분 후 불을 끄고 흐르는 물에 세척하 고 체반에 받쳐 물기를 뺍니다.

3 물 350ml, 삶은 땅콩, 맛술 2큰술, 설탕 1.5큰술, 간장 5.5큰술을 넣고 조립니다. 끓기 시작하면 중약불로 줄이고 뚜껑을 덮어 조려주세요.

4 바닥에 양념장이 자작해질 정도로 조리고 조청 4큰술을 넣어줍니다.

5 센불로 올리고 1분간 열심히 저어줍니다. 자칫하면 탈 수 있으니 손을 빠르게 움직 여주세요.

6 약불로 줄여 저어주며 전체적으로 캐러멜 라이징이 되고 윤기가 흐를 때까지 조려 줍니다. 통깨를 뿌리고 섞어준 뒤 식으면 반찬통에 담아주세요.

MJ의
한 끗

조리과정 마지막 단계에서 타 는 게 아닌가 싶을 정도로 바 짝 조려도 식고 나면 다시 촉 촉해진답니다.

쫀득 아삭한 연근조림

아삭하면서 쫀득한 식감의 연근조림을 만들고 싶은데 늘 실패하셨다면 이번
레시피대로 만들어보세요. 데치는 시간을 길게 하고 조림을 하면 원하는 식감
은 물론이고 달고 짭조름한 맛까지 살릴 수 있어요.

난이도 ★★★☆☆
분량 4~5회분
조리시간 30~40분 (+연근 삶는 시간 25분)

기본재료

연근 500g
식초 1큰술
물 1L
간장 4.5큰술
맛술 2큰술
식용유 2큰술
조청(또는 물엿) 5큰술
다시마육수(또는 물) 300ml
참기름 1큰술
통깨 약간

1 연근 500g은 껍질을 벗기고 0.4cm 두께로 썰어 준비해요.

2 연근이 잠길 정도의 물을 붓고 식초 1큰술을 넣어 10분간 담갔다 건져줍니다. TIP. 물에 잠시 담그면 전분과 떫은 맛이 제거됩니다.

3 물 1L를 부어 연근을 삶아줍니다. 끓기 시작하면 중약불로 줄이고 뚜껑을 덮어 약 25분간 삶아주세요.

4 다시마육수나 물 300ml, 식용유, 간장, 맛술을 넣어주고 연근을 조립니다. 양념이 끓어오르면 중약불로 줄이고 섞어가며 조려주세요.

5 양념이 거의 없어질 때까지 조리다 조청이나 물엿 5큰술을 넣고 다시 중약불로 저어가며 윤기가 날 때까지 바짝 조려줍니다.

6 불을 끄고 그대로 식혀주세요. 식었다면 참기름과 통깨를 뿌려줍니다.

어묵 콩나물볶음

가성비 만점인 반찬 하나 소개해볼게요. 기존에 알던 콩나물볶음이 아닌 찜 같은 느낌으로 완성되는 아삭아삭한 콩나물볶음입니다. 들기름을 둘러서 볶으면 구수함이 더해져서 더 맛있어요. 들기름이 없고 참기름과 식용유만 있다면 볶을 때는 식용유를, 마무리는 참기름을 넣어주세요.

난이도 ★★★☆☆
분량 3~4인분
조리시간 20~30분

기본재료
콩나물 1봉(380g)
양파 1/2개
대파 10cm
사각 어묵 3장
소금 0.5큰술
다시마육수 150ml
고춧가루 1.5큰술
들기름 1.5큰술
식용유 1큰술
후춧가루 약간
통깨 약간
간장 5큰술
설탕 2/3큰술
다진 마늘 2/3큰술

1 콩나물이 잠길 정도로 냄비에 물을 붓고 소금 0.5큰술을 넣은 후 물이 끓으면 콩나물을 넣어 4분간 삶아줍니다.

2 삶은 콩나물은 차가운 물에 헹궈 온도를 빠르게 낮춰주세요. 체반에 올려 물기를 빼줍니다.

3 양파 1/2개는 채썰고 어묵 3장은 3cm 두께로 썰고 대파 10cm는 어슷썰어주세요.

4 들기름과 식용유를 각 1큰술씩 넣고 채썬 양파와 대파를 1분간 볶아줍니다.

5 이어 중약불로 줄이고 고춧가루 1.5큰술, 다진 마늘 2/3큰술 넣어 20초간 가볍게 섞어주세요.

요리하기
1~2시간 전
물 150ml에 다시마
4X4 한 조각을
미리 담가두세요.

6 물기 빼둔 콩나물을 넣고 잘 섞어주며 중불로 30초간 볶다가 다시마육수 150ml를 넣어줍니다.

7 어묵과 간장 5큰술, 설탕 2/3큰술을 넣고 뒤적거리며 잘 섞어서 조려주세요.

8 4~5분간 젓가락으로 잘 섞어주며 조려주다 불을 끄세요. 마무리로 들기름 0.5큰술, 후춧가루, 통깨를 뿌려줍니다.

마성의 깻잎김치

더 맛있는 레시피를 개발하기 위해 여러 번 시도해서 만든 밥도둑 깻잎김치입니다. 이 소박해 보이는 반찬 하나가 밥 한 공기를 비우게 한다는 사실이 새삼 신기했었죠. 따끈한 밥 위에 싸서 드셔보세요. 정말 맛있어요.

난이도	★★☆☆☆
분량	5~6회분
조리시간	20~30분

🌱 준비하기

기본재료

깻잎 60장
다시마육수 100ml
다진 양파 4큰술
다진 대파 3큰술
당근 1/4개
청양고추 1개
홍고추 1개
통깨 약간

양념장

양조간장 7큰술
참치액젓 1큰술
물엿 2.5큰술
매실청 1큰술
고춧가루 6큰술
다진 마늘 1큰술

1 깻잎은 물에 10분 이상 담갔다가 세척합니다. 흐르는 물에 2~3번 헹궈준 뒤 물기를 최대한 털어주세요.

2 양념장을 분량대로 섞습니다. 양념장에 다시마육수 100ml를 더해줍니다.

3 당근 1/4개는 채썰고 양파, 대파와 청양고추와 홍고추는 잘게 다집니다.

4 양념장에 손질한 재료를 섞고 세척해둔 깻잎을 2~3장씩 켜켜이 쌓아줍니다.

5 전자레인지에 30초간 돌린 후 식혔다 드시거나 찜기에 올려 3분 정도 쪄준 뒤에 통깨 약간 뿌려서 드세요. TIP. 냉장보관 약 2~3주 가능해요.

간장 깻잎장아찌

고기와 먹으면 찰떡궁합인 간장 깻잎장아찌예요. 따끈한 밥 위에 싸 먹어도 맛
있는 밑반찬입니다. 이번 레시피의 포인트는 바로 소주나 청주를 넣어 오랫동
안 보관이 가능하다는 점입니다. 한 솥 만들어 냉장고에 넣어두시면 마음이 든
든해요.

난이도	★☆☆☆☆
분량	약 9~10회
조리시간	20~30분

기본재료
깻잎 11묶음

양념재료
물 300ml
양조간장 250ml
설탕 1/2컵(80g)
매실청 50ml
청주(또는 소주) 50ml

1 깻잎은 1묶음이 약 10장 정도입니다. 묶음을 풀지 말고 그대로 가위를 이용해 꼭지 부분을 잘라주세요.

2 깻잎을 물에 담근 후 흐르는 물에 2~3번 더 세척합니다. 세척 후 체반에 올려 물기를 빼주세요.

3 깻잎장아찌 양념은 비율대로 섞어 바글바글 끓여주세요.

4 씻은 깻잎은 용기에 담고 10장씩 좌우 방향을 바꿔 번갈아가며 쌓아 올립니다. 끓인 장아찌 양념을 뜨거운 상태 그대로 부어주세요. 식히고 냉장고에 하루 정도 보관 후 드세요.

양배추 김치

아삭아삭한 식감이 매력적인 양배추 김치를 소개합니다. 온 가족이 좋아해서 한 통 담아 놓으면 순식간에 사라집니다. 식감은 물론이고 새콤달콤한 맛이 더 해져 여름철에 꼭 담아 먹게 된답니다. 가성비도 좋고 맛도 좋은 김치예요.

난이도 ★★☆☆☆

분량 10회

조리시간 30~40분
(+양배추 절이는 시간
1시간 30분)

기본재료
양배추 1통(2.5kg)
물 1L
굵은 소금 100ml

양념재료
새우젓 3큰술
멸치액젓 1큰술
매실청 100ml
익힌 감자 1개
홍고추 3개
양파 1/2개
사과(또는 배) 1/8쪽
다진 생강 1작은술
다진 마늘 2큰술
고춧가루 4큰술

1 양배추 잎은 1장씩 떼어주고 물에 담가 두었다 흐르는 물에 2~3번 세척해주세요. 4X4cm 크기로 썰어주세요.

2 물 1L, 굵은 소금 100ml를 준비하고 잘 섞어 절임물을 만들어주세요.

3 썰어둔 양배추를 통에 담고 절임물을 골고루 부어줍니다.

4 1시간 30분 동안 절여줍니다. 중간에 한 번씩 골고루 버무려지게 섞어주세요.

> 감자는 껍질 벗겨 전자레인지에 익히거나 밥 할 때 같이 익혀주면 편해요.

5 양념재료를 믹서에 갈아줍니다. TIP. 풀 대신 감자를 사용했어요.

6 절인 양배추는 흐르는 물에 헹구고 체반에 올려 물기를 빼둡니다. 그 다음 만들어둔 김치 양념을 넣고 버무려주세요.

7 통에 담고 여름일 경우 반나절 상온에서 숙성시킵니다. 김치냉장고나 냉장고에 보관하고 드세요.

오이양파장아찌

아삭아삭 짜지 않고 향긋한 오이양파장아찌를 소개합니다. 장아찌를 만드실 때 레몬 한두 조각을 넣어주면 맛과 향이 배가 된답니다. 청양고추를 더해 매콤함을 살려도 좋고 아삭이고추를 더해 식감을 살려도 좋습니다.

난이도	★☆☆☆☆
분량	10회분
조리시간	20~30분

기본재료

양파 3개
오이 2개
청양고추 2개(선택)
아삭이고추 4~5개(선택)
레몬 1~2조각(선택)

절임장

물 300ml
양조간장 250ml
식초 250ml
매실청 50ml
청주(또는 맛술) 50ml
설탕 1/2컵(80g)

1 오이 2개는 돌기 부분을 칼로 제거합니다. 세척 후 키친타월로 물기를 완전히 제거하고 0.3cm 두께로 썰어주세요.

2 양파는 3cmX3cm 두께로 썰어주세요.

3 레몬은 세척 후 0.2cm 두께로 슬라이스해서 준비합니다. 청양고추도 0.3cm 두께로 썰어 준비해요. 아삭이고추를 준비할 경우 0.5cm 두께로 썰어주세요.

4 절임장을 분량대로 넣고 끓어오르면 10초 후 불을 꺼주세요.

절임장 물을
뜨거울 때
부어주세요

5 소독한 병에 양파, 오이, 고추를 차곡차곡 넣고 씨를 제거한 레몬 1조각을 넣습니다. 24시간 숙성 후 냉장고에 넣고 드세요. TIP. 레몬 씨는 장아찌에 들어가면 쓴맛을 내요.

**MJ의
한 끗**

남은 레몬은 슬라이스 한 뒤 냉동 보관하실 수 있어요. 장아찌나 피클 만들 때 상큼한 맛을 위해 더해주셔도 좋고 넣어주거나 물에 넣어 레몬물로 마셔도 좋아요.

비트오이피클

입도 즐겁고 눈도 즐거운 예쁜 오이피클입니다. 볶음밥이나 스파게티와 함께
즐겨도 좋고 밥반찬으로 즐겨도 좋답니다. 피클링스파이스나 슬라이스 레몬
2~3조각을 더해주면 더 향긋하고 맛있는 피클이 됩니다.

기본재료
오이 5개
무 150g
비트 1/10개(40~50g)

절임장
물 1L
소금 3큰술
식초 1컵
설탕 4/3컵
피클링스파이스 1큰술

1 오이 5개는 세척 후 물기를 제거합니다. 오이 양 끝 2cm는 제거하고 씨 부분도 제거한 뒤 4cm 길이로 썰어줍니다. <u>TIP. 오이 양끝은 쓴맛이 나서, 씨 부분은 잘 무르기 때문에 제거하면 좋아요.</u>

2 무 150g은 1cmX1cmX4cm 크기로 썰어주세요. 비트를 준비할 경우 같은 크기로 썰고 소량만 준비해요.

3 피클링스파이스를 제외한 절임장 재료를 모두 넣어 끓입니다. <u>TIP. 새콤한 맛을 좋아한다면 절임장에 식초 1/2컵을 먼저 넣고 나머지 식초 1/2컵을 마무리에 넣어줍니다.</u>

4 절임장이 끓으면 1분 후 피클링스파이스를 넣고 30초 후 바로 불을 끄세요.

 MJ의 한 끗

비트는 소량만 넣어도 색이 진해요. 몇 조각만 넣어도 충분합니다. 매콤한 맛을 더하고 싶을 땐 청양고추 1~2개를 잘라 넣으세요. 냉장 보관 시 3개월 정도 보관이 가능해요.

5 소독한 병에 오이, 무, 비트를 넣고 절임장을 뜨거울 때 부어주세요.

무수분 감자조림

감자철이 되면 자주 만드는 무수분 감자조림이에요. 감자에 물엿을 넣고 버무려 수분을 빼준 뒤 물 없이 감자 수분만으로 조려 만드는 레시피입니다. 쫀득한 식감이 좋아서 자꾸만 젓가락이 간답니다.

난이도 ★★★☆☆
분량 3~4인분
조리시간 20~30분 (+감자 수분 빼는 시간 20분)

기본재료
감자 3~4개
조청(또는 물엿) 4.5큰술
참기름 1큰술
통깨 1큰술

양념장
간장 4큰술
식용유 1.5큰술
다진 마늘 0.5큰술
다진 대파 1큰술

1 껍질 벗긴 감자 3~4개는 3cmX4cm 크기로 사방썰기를 합니다.

2 썰어둔 감자를 물에 5분 정도 담가 전분기를 제거하고 감자만 건져주세요.

> 조청이나 물엿은 감자의 수분을 빼는 역할을 해요.

3 조청이나 물엿 4.5큰술을 넣고 감자에 골고루 입혀지도록 잘 섞어주세요. 20분 정도 두면 감자 자체에서 수분이 나옵니다.

4 양념장을 분량대로 섞어 만들어주세요.

5 감자와 감자에서 나온 수분을 프라이팬에 넣고 중약불로 5~6분 익혀주세요.

6 준비한 양념장을 넣고 조려주세요. 다 졸여지면 참기름 1큰술과 통깨 1큰술을 더합니다.

꽈리고추 멸치볶음

아이를 위해 달콤바삭하게 볶다가 한 번씩 꽈리고추를 더해 볶으면 꽈리고추의 풍미가 더해져 먹을 때마다 입이 즐거워요. 이번 반찬의 포인트는 바로 꽈리고추에도 간이 쏙 배게 만드는 거랍니다. 알려드리는 방법대로 볶으시면 꽈리고추와 멸치볶음의 맛이 아주 조화로울 거예요.

난이도	★★☆☆☆
분량	3~4인분
조리시간	20~30분

기본재료
꽈리고추 15~16개
중멸치 1컵
식용유 1큰술
간장 2큰술
맛술 2큰술
물 2큰술
물엿 2큰술
참기름 0.5큰술
통깨 약간

1 마른 프라이팬에 중멸치를 넣고 중약불로 1분간 볶습니다. 고소한 향이 나면 불을 끄고 접시에 덜어두세요.

2 꽈리고추는 세척 후 가위로 3~4군데를 잘라줍니다. 키친타월을 이용해 겉면의 물기를 제거해주세요.

3 식용유 1큰술을 두르고 손질한 꽈리고추를 30 ~40초 볶습니다.

4 간장, 맛술, 물을 각 2큰술씩 섞은 양념을 2/3만 넣어줍니다. 중약불로 30~40초 먼저 볶습니다.

5 준비한 볶은 멸치와 남은 양념 1/3을 넣고 1분 30초 정도 더 볶아주세요.

6 물엿 2큰술을 두르고 30초 볶습니다.

7 참기름 0.5큰술을 더하고 기호에 따라 통깨를 뿌려주세요.

꽈리고추찜

어릴 때 친정 엄마가 자주 해주시던 반찬이었어요. 따끈한 밥 위에 올려 먹으면 정말 꿀맛이죠. 아주 가끔 매운 고추를 만나면 입안이 얼얼했고요. 이번 레시피는 친정 엄마의 반찬만큼 맛있는 레시피입니다. 딱 떨어지는 양념을 꽈리고추에 조물조물 입혀볼까요?

| 난이도 ★★★☆☆ |
| 분량 3~4인분 |
| 조리시간 20~30분 |

기본재료
꽈리고추 200g
밀가루(또는 콩가루) 3큰술
물 500ml

양념장
양조간장 1.5큰술
참치액젓 1큰술
고춧가루 2큰술
올리고당(또는 물엿) 1큰술
맛술 1큰술
다진 마늘 1작은술
다진 대파 1큰술
참기름 2/3큰술
통깨 약간

1 꽈리고추 200g은 꼭지를 떼어주고 흐르는 물에 2~3번 세척합니다.

2 물기를 털고 위생백에 넣어준 뒤 밀가루나 콩가루 3큰술을 넣고 골고루 흔들어주세요.

3 냄비에 물 500ml를 넣고 끓인 뒤 김이 오르면 종이호일을 깐 찜판에 밀가루를 입힌 꽈리고추를 올려줍니다. 중불로 5분간 쪄준 뒤 뚜껑을 열고 한 김 식혀줍니다.

4 양념장을 분량대로 잘 섞어 준비합니다.

5 한 김 식힌 고추에 준비한 양념장을 넣고 손에 힘을 빼고 살살 버무려줍니다.

고구마줄기볶음

식이섬유와 칼슘이 풍부한 음식 재료예요. 고구마줄기볶음은 들깨를 더해 볶으면 고소함이 가득하고 아삭아삭한 식감이 좋은 요리입니다. 소박하면서도 깊은 맛이 매력적이에요. 여름부터 초가을이 제철이니 맛있게 요리해 식탁에 올려보세요.

난이도 ★★★☆☆
분량 3~4인분
조리시간 30~40분

준비하기

기본재료

고구마줄기 300g
소금 약간(손질용)
멸치다시마육수 1컵
들깻가루 2큰술
청양고추(선택)

양념재료

들기름 1큰술
식용유 1큰술
다진 마늘 2/3큰술
다진 대파 1큰술
국간장 1큰술
참치액젓 1큰술

1 멸치다시마육수 1컵을 준비합니다.

2 소금 1큰술 넣은 물에 고구마줄기 300g을
넣고 30분간 담가줍니다.

3 고구마줄기는 껍질을 벗기기 쉽도록
4~5cm 길이로 썰어주세요.

4 물 500ml, 소금 0.5큰술을 넣고 물을 끓
입니다. 물이 끓으면 3분간 젓가락으로
저어가며 데쳐주세요.

MJ의 한 끗

줄기 중앙을 반으로 자르고
반대방향으로 껍질을 늘어뜨
리며 벗겨주세요. 시간이 없다
면 팔팔 끓는 물에 소금 1큰술
넣습니다. 소금 넣은 물에 10
초간 데칩니다. 찬물에 헹궈주
고 껍질을 벗깁니다. 껍질 벗
기는 것이 번거로울 땐 고구
마 줄기가 푹 잠기도록 물을
붓고 20분간 삶아 껍질 그대
로 사용하세요.

5 데친 후 바로 찬물에 헹궈줍니다.

6 고구마줄기와 양념재료를 손에 힘을 주어
버무려줍니다.

7 식용유를 둘러 센불로 1~2분간 고구마줄
기를 볶습니다. 멸치다시마육수 1컵을 넣
고 뚜껑을 덮어 중약불로 조려주세요.

8 들깻가루 2큰술을 뿌려줍니다. 취향에 따
라 청양고추를 더하세요.

가지볶음

가지가 제철인 시기에 가장 많이 밥상에 오르는 반찬이 아닐까 싶어요. 개인적으로 좋아하는 음식 재료라 제철만 되면 여러 가지 스타일로 요리해 먹습니다. 소개해드리는 가지볶음은 반찬으로 드셔도 밥 위에 얹어 덮밥처럼 드셔도 맛있는 요리예요.

기본재료

가지 3개
양파 1/2개
대파 10cm
들기름 1.5큰술
식용유 1.5큰술
통깨 약간
참기름(또는 들기름) 약간

양념장

간장 3큰술
굴소스 1+2/3큰술
맛술 2큰술
올리고당 1.5큰술
고춧가루 2/3큰술
다진 마늘 1/2큰술

1 가지를 눕혀 5cm 길이로 자른 후 세로로 반을 나눕니다. 그 다음 길게 3등분 잘라 주세요.

2 양파 1/2개는 채썰고 대파 10cm는 쫑쫑 썰어 준비합니다.

3 프라이팬에 들기름과 식용유 각 1.5큰술 을 두르고 중약불로 양파와 대파를 2분간 볶습니다.

4 가지를 넣고 중약불로 볶습니다. 타는듯 하면 물 2~3큰술을 더해 숨이 죽을 때까 지 볶아주세요.

MJ의 한 끗

칵테일 새우 1줌을 더해 새우 가지볶음을 만드셔도 좋아요. 가지는 수분이 많은 채소라 볶고 나면 수분이 나오기 때 문에 냉장고에 보관하면 맛이 덜해지는 반찬이니 그때 그때 볶아드시는 것을 추천합니다.

5 가지가 숨이 죽으면 양념장을 넣고 센불 로 빠르게 볶습니다.

6 취향에 따라 참기름이나 들기름을 약간만 더하고 통깨 뿌려 마무리해요.

매운 두부조림

칼칼한 매운맛이 생각날 때 만들어 먹는 요리랍니다. 맛있게 조려지면 다른 반찬이 필요 없죠. 같이 조려 먹는 애호박의 맛도 정말 좋기 때문에 선택이 아닌 필수로 넣어주셔야 하는 재료예요.

난이도	★★★☆☆
분량	3~4인분
조리시간	20~30분

기본재료

두부 300g
애호박 1/2개
양파 1/2개
들기름 1큰술
식용유 1큰술
소금 2꼬집
쌀뜨물(또는 물) 100ml

양념재료

간장 3.5큰술
액젓 1큰술
고추장 0.5큰술
고춧가루 1.5큰술
설탕 0.5큰술
다진 마늘 1큰술
다진 대파 2큰술
청양고추 1개
홍고추 1/2개(선택)
후춧가루 약간

1 두부 300g은 2등분하고 1cm 두께로 썰어줍니다. 소금 2꼬집을 전체적으로 뿌리고 10분 정도 그대로 두세요.

2 키친타월을 이용해 물기를 제거합니다.

3 애호박 1/2개는 1cm 두께로 썰고 양파 1/2개는 채썰고 대파는 쫑쫑 썰어요. 청양고추도 다져주세요.

4 쌀뜨물 100ml를 준비하고 양념재료를 섞습니다.

5 들기름, 식용유 각 1큰술씩 섞어 프라이팬에 두르고 두부와 애호박을 중약불로 노릇하게 익혀주세요.

6 두부와 애호박을 노릇하게 익혔다면 불을 잠시 끄고 채썬 양파를 올립니다.

타지 않게 유의하며 프라이팬을 흔들어주세요.

7 준비한 양념장을 골고루 부어준 뒤 중약불로 양념장을 끼얹어가며 조려주세요.

8 바닥에 양념장이 거의 없어질 때까지 조려준 뒤 불을 끕니다. 기호에 따라 참기름을 살짝 둘러 주셔도 좋아요.

치즈 품은 김치전

피자치즈를 토핑으로 올리는 것이 아니라 반죽에 넣고 부치는 김치전입니다. 치즈를 반죽 속에 넣었더니 부쳐지면서 치즈도 구워져 한층 더 고소하고 맛있더라고요. 매콤한 김치 덕에 느끼할 틈도 없고 겉바속촉이 제대로랍니다. 남녀노소 누구나 좋아하는 요리니 꼭 만들어보세요.

난이도	★☆☆☆☆
분량	2〜3인분
조리시간	20〜30분

기본재료

부침가루 2컵
찬물 2컵
피자치즈 2컵
쫑쫑 썬 김치 1컵
설탕 0.3큰술
베이컨 1~2줄
식용유 약간

1 부침가루 2컵을 준비해요. TIP. 바삭하게 먹고 싶다면 부침가루의 30% 분량을 튀김 가루로 섞어 넣어주세요.

2 잘게 자른 김치 1컵과 찬물 2컵을 넣습니다. TIP. 김치국물은 꼭 짜서 준비합니다.

3 잘게 자른 베이컨 1~2줄을 반죽에 넣어줍니다.

4 피자치즈 2컵과 설탕 0.3큰술을 넣어주고 반죽을 섞어주세요.

**MJ의
한 끗**

반죽에 치즈를 넣고 부치면 치즈도 같이 노릇하게 지져지면서 아주 고소한 맛을 내요. 토핑으로 올릴 때와 완전 다른 매력이죠. 겉모양을 살리고 싶을 땐 윗부분에 슬라이스 치즈를 올리고 녹여주세요.

치즈가 반죽 아래로 가라 앉으니 부치기 직전 반죽을 섞어주세요.

5 식용유를 두르고 프라이팬이 달아오르면 중약불로 낮추고 반죽을 올려 부칩니다. 강불로 잠시 두었다가 중약불로 살짝 내리는걸 반복하면 타지 않고 노릇노릇 부칠 수 있어요.

부추전

막걸리 한 잔이 절로 생각나는 부추전이예요. 이번 레시피 포인트는 바로 건새
우가루와 설탕, 액젓을 넣어 반죽 밑간을 하는 거예요. 말씀 드린 재료들을 넣
어 잘 부치면 감칠맛 제대로인 전을 만드실 수 있어요.

난이도	★☆☆☆☆
분량	2~3인분
조리시간	20~30분

준비하기

기본재료
부침가루 1컵
찬물(또는 탄산수) 1.1컵
액젓 0.5큰술
설탕 0.5큰술
새우가루 1큰술
부추 4줌(200g)
당근 1/3개
식용유 약간

1 잘 씻은 부추는 4cm 길이로 썰어 준비합니다. 당근 1/3개도 채썰어 준비합니다. TIP. 부침가루가 1컵이라면 부추는 2컵 정도예요.

2 부침가루 1컵에 찬물이나 탄산수 1.1컵을 섞습니다. 액젓 0.5큰술, 설탕 0.5큰술을 덩어리가 없도록 섞어주세요. TIP. 반죽에 물 대신 탄산수를 사용하면 더 바삭하게 부칠 수 있어요.

3 부추, 당근, 새우가루 1큰술을 넣고 섞어줍니다. TIP. 건새우를 믹서에 갈면 새우가루가 됩니다.

식용유가 골고루 입혀지게 중간에 프라이팬을 흔들어주세요.

4 식용유를 넉넉하게 두르고 프라이팬이 달궈지면 반죽을 얇게 펴줍니다. 처음엔 센불로 부치다가 중불, 마지막엔 센불로 부쳐줍니다.

 MJ의 한 끗

물 대신 차가운 탄산수를 넣으면 순간적으로 기포가 날아가 공간이 생기고 덕분에 바삭해져요. 물을 넣을 땐 아주 차가운 물을 사용하시고 바삭하게 만들고 싶으실 땐 차가운 탄산수를 추천합니다. 초간장은 간장 3큰술, 물 3큰술, 설탕 0.5큰술, 식초 1큰술로 부추전에 찍어드시면 좋아요.

5 뒤집고 난 뒤 식용유를 약간 두릅니다. 마찬가지로 프라이팬을 흔들어가며 센불과 중불을 조절하며 노릇하게 굽습니다.

어묵전

대학 시절 '엄마'라는 별명이 있었어요. 대학생 때부터 저는 친구들 밥 먹이는
걸 좋아해서 어묵을 사서 전으로 부쳐 친구들에게 주곤 했죠. 제게는 추억이
담긴 음식이어서 참 특별하답니다. 핫바 비슷한 맛도 나고요.

난이도	★★★☆☆
분량	2~3인분
조리시간	20~30분

준비하기

기본재료

식용유 1큰술
사각 어묵 4장
계란 2개
부침가루 3큰술
다진 부추 3큰술
다진 당근 3큰술
소금 1꼬집
청양고추 1개(선택)

1 사각 어묵 4장, 다진 부추 3큰술, 다진 당근 3큰술, 청양고추 1개를 다져줍니다.

2 다진 재료를 볼에 담고 계란 2개를 넣어 섞어줍니다.

3 부침가루 3큰술, 소금 1꼬집을 더한 뒤 덩어리지지 않게 섞어줍니다.

4 프라이팬에 식용유를 두르고 반죽을 올려 노릇하게 지져주세요.

MJ의 한 끗

취향에 따라 머스타드나 스리라차 소스 혹은 스위트 칠리 소스에 찍어드세요. 모양을 살리려면 에그팬에 부쳐주시면 좋습니다.

오이소박이

오이가 제철인 시기면 담아 먹게 되는 오이소박이 레시피를 소개합니다. 식구가 적은 분들을 위해 오이 5개 분량을 기준으로 알려드려요. 식구가 많으시다면 2배 정도 만드셔도 좋습니다. 아삭아삭한 식감과 시원한 맛이 매력적이라 자꾸만 찾게 되네요.

난이도	★★★☆☆
분량	5회
조리시간	30~40분 (+오이 절이는 시간 30분)

기본재료
오이 5개
부추 1줌(50g)
당근 1/3개

양념재료
양파 1/4개
새우젓 1.5큰술
멸치액젓 3큰술
생강 1톨
마늘 5알(또는 다진 마늘 1큰술)
조청(또는 설탕) 2큰술
고춧가루 8큰술

오이절임물
물 1컵
천일염 4큰술

밀가루 풀
물 60ml
밀가루 2/3큰술

1 냄비에 약불로 저어가며 잘 섞은 밀가루 풀을 쑵니다. 2분 후 걸쭉한 풀이 만들어 지면 불을 끄고 식힙니다.

2 오이는 세척한 후 양끝을 자르고 4등분합 니다. 열십자 모양으로 오이 2/3 지점까 지 칼집을 내주세요.

3 오이절임물을 끓여 오이에 골고루 부어 줍니다. 30분간 중간에 뒤적이며 절입니 다. 그 다음 물에 헹궈 물기를 빼줍니다.

4 부추 1줌은 잘게 썰고 당근 1/3개는 곱게 채썰어 주세요.

5 고춧가루를 제외한 양념재료를 섞은 뒤 믹서에 갈아줍니다.

6 양념재료와 고춧가루 8큰술, 밀가루 풀을 섞습니다. 당근과 부추도 함께 넣고 섞어 주세요.

7 절인 오이 안에 김치소를 채운 다음 오이 를 꼭 쥐어 공기가 빠지도록 합니다.

8 차곡차곡 통에 담습니다. 여름인 경우 상 온에서 반나절 둔 뒤 냉장보관합니다.

아삭아삭 깍두기

간단하지만 맛보장이 확실한 깍두기 레시피를 소개합니다. 무를 얇게 썰어 절이는 시간도 단축되고, 함께 넣는 요구르트 덕분에 감칠맛도 좋습니다. 풀을 쑤지 않고 밥으로 만드는 김치라 쉬운 재료로 쉽게 담그실 수 있어요.

난이도	★★★☆☆
분량	20회
조리시간	30~40분

기본재료
무 2개(약 3.3kg)

양념재료
찬밥 4큰술
매실청 2큰술
멸치액젓 5큰술
새우젓 1.5큰술
사과 1/4개
양파 1/2개
통마늘 5알
고춧가루 6큰술
요구르트 2개

절임물
미지근한 물 400ml
굵은 소금 1큰술
설탕 4큰술

1 껍질 벗긴 무는 4등분 한 뒤 두께 1cm가 넘지 않도록 얇게 썰어줍니다.

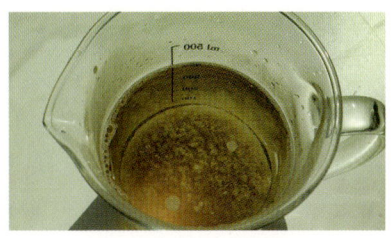

2 소금과 설탕 1:4 비율로 절임물을 만들어 줍니다.

3 썰어 둔 무에 절임물을 골고루 부어줍니 다. 15분간 절여주면 됩니다. 골고루 절 여지도록 1~2번씩 뒤섞어줍니다.

4 절인 후 물에 헹구지 않고 소쿠리에 담아 물기를 빼 줍니다.

5 고춧가루와 요구르트를 제외한 양념재 료를 분량대로 섞어 믹서에 곱게 갈아 주세요.

6 그 다음 고춧가루와 요구르트를 넣고 잘 섞어줍니다. TIP. 요구르트 유산균은 김치 의 숙성을 도와주고 감칠맛을 살려줘요.

 MJ의 한 끗

날씨가 더운 날엔 반나절, 선 선한 가을과 겨울엔 하루 반 나절 정도 익힙니다. 익힘 정 도는 기호에 따라 선택합니다. 새콤한 맛이 난다면 김치냉장 고에 보관하세요.

7 절였던 무를 넣고 버무려줍니다.

진미채 파김치

김치 초보분들을 위해 간단한 버전으로 준비한 레시피입니다. '파김치에 진미
채가 어울릴까?' 하시는 분들도 계시겠지만 같이 넣으면 먹는 재미가 2배랍니
다. 숙성된 오징어의 아미노산과 새우가루가 김치의 감칠맛을 상승시켜줘요.

난이도 ★★★★☆
분량 10회
조리시간 30~40분 (+쪽파 절이는 시간 30분)

기본재료

손질한 쪽파 500g

진미채 80~100g

멸치액젓 1/2컵

매실청 5큰술

고춧가루 1컵

새우가루 1큰술

양파 1/2개

통마늘 3알(또는 다진 마늘 0.5큰술)

새우젓 1큰술

밀가루풀

물 1컵

밀가루 1.5큰술

MJ의 한 끗

쪽파 물기를 꼭 제거하고 담으셔야 하고 양념은 되직해야 제 맛을 느끼실 수 있어요.

1 쪽파는 손질 후 세척한 뒤 같은 방향으로 가지런히 정리합니다.

2 반나절 이상 수분을 제거합니다. 멸치액젓 1/2컵을 쪽파 흰대에 부어주고 30분간 절입니다.

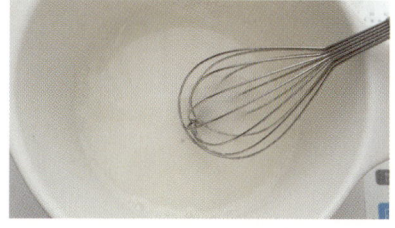

3 밀가루풀을 골고루 푼 후 불에 켜고 저어주며 끓여줍니다. 다음 약불로 줄이고 2~3분간 저어주고 풀을 만들고 식힙니다.

4 새우젓, 통마늘, 양파를 믹서에 갈아줍니다. TIP. 마늘은 약간만 넣어도 됩니다.

5 식힌 풀에 고춧가루 1컵을 넣고 섞습니다. 믹서에 간 재료, 파를 절였던 액젓, 건새우가루, 매실청 5큰술을 넣고 잘 섞어줍니다.

6 절인 쪽파에 양념을 골고루 입혀주세요. TIP. 간을 보고 싱겁다면 액젓을 약간 더해주셔도 좋습니다.

7 진미채는 미지근한 물에 한번 가볍게 씻고 물기를 짜서 남은 양념과 함께 버무려주세요.

8 1회 분량씩 돌돌 말아 김치통에 보관하시면 드실 때 편해요. 반나절 또는 하루 정도 상온 숙성 후 냉장 보관합니다.

동치미

여름이든 겨울이든 계절을 타지 않고 먹을 수 있는 요리가 있죠. 바로 동치미
입니다. 비교적 간단한 방법으로 국물이 톡 쏘는 시원한 동치미 국물 맛을 낼
수 있어요.

난이도	★★★★☆
분량	30~35회분
조리시간	40~50분 (+무 절이는 시간 1시간)

기본재료

무 1개(약 900g)
쪽파 1줌(50g)
마늘 10알
생강 1톨
청양고추 5개
홍고추 1개(선택)
굵은 소금 0.5큰술

절임물

물 1.8L
식초 100ml
맛술(또는 소주) 100ml
굵은 소금 200ml

밀가루풀

물 1컵
밀가루 1큰술

김치국물

끓인 물(또는 생수) 2L
배 1개
사과 1/2개
무 1토막(120g)
물 200ml
굵은 소금 2큰술
멸치액젓 2.5큰술
매실청 2큰술

국물이 깔끔해야 하기 때문에 마늘과 생강을 다지지 않아요.

1 무는 1cmX1cmX5cm 길이로 썰어주고 마늘은 편으로 썰고 생강은 얇게 채썰어 주세요.

식초는 무 쓴맛을 없애 주고 맛술은 무 식감의 아삭함을 상승시켜줘요.

2 절임물을 만들어요. 잘라둔 무를 넣고 1시간 절여주세요.

풀이 뜨거우면 발효에 도움이 되지 않아요.

3 밀가루풀을 넣고 잘 섞어 덩어리를 없게 하고 불에 올려 풀을 쑤어요. 끓기 시작하면 약불로 줄이고 2~3분 저어준 후 불을 끄세요. 완전히 식혀서 사용해주세요.

4 쪽파는 4~5cm 길이로 썰고 굵은 소금 0.5큰술을 골고루 뿌려 20분 정도 절여주세요.

5 배, 사과, 무를 물 200ml와 섞어 믹서에 갈고 김치 국물에 사용해요. 고운 체나 주머니에 걸러 건더기는 버리고 즙만 사용하세요.

6 물 2L와 5번 과정의 즙을 섞고 마늘, 생강을 넣어요. 굵은 소금 2큰술, 멸치액젓 2.5큰술, 매실청 2큰술로 간을 맞추세요. 마지막에 쪽파와 청양고추를 넣습니다. TIP. 하루 정도 상온 숙성시켜 드세요. 청양고추는 숙성되며 톡톡 쏘는 맛을 내요.

푸딩 계란찜

전자레인지로 만드는 푸딩 계란찜이에요. 레시피 포인트는 총 3가지입니다. 첫째, 계란을 체로 걸러줍니다. 둘째, 마요네즈를 더해 계란의 비린 맛을 잡고 고소한 맛을 살립니다. 마지막으로 뜨거운 물을 섞어야 푸딩 같은 질감으로 완성된답니다.

난이도	★☆☆☆☆
분량	3~4인분
조리시간	10~15분

기본재료

계란 4개
뜨거운 물 150ml
소금 2작은술
설탕 1작은술
마요네즈 1.5큰술
토핑용 새우 1~2개(선택)
피자치즈 1줌(선택)

1 계란 4개는 잘 섞어 풀어준 뒤 체에 걸러
줍니다.

2 설탕 1작은술, 소금 2작은술, 마요네즈 1.5큰
술을 넣고 빠르게 잘 섞어주세요. TIP. 마
요네즈는 덩어리져서 잘 풀리지 않는게 정
상입니다.

> 위생 랩을 씌우고
> 포크를 활용해
> 2~3군데 구멍을
> 뚫어주세요.

3 끓기 직전의 뜨거운 물(약 90도) 150ml를
넣고 섞어줍니다.

4 약 4분간 돌려 전자레인지에 익혀줍니다.
TIP. 전자레인지에 따라 부풀어 오르는 정
도가 다르니 시간을 조절하세요.

5 토핑으로 새우를 올리고 싶을 땐 해동한
새우를 올리고 다시 랩을 씌워 1분간 더
돌려줍니다. TIP. 치즈토핑의 경우 4분간
돌린 후 뜨거울 때 치즈를 올려 랩에 싸 잠시
두면 여열로 치즈가 녹아요.

**MJ의
한 끗**

전자레인지를 활용하지 않고
중탕할 경우 물이 든 냄비에
용기를 올리고 약 18~20분
정도 중탕하면 됩니다.

오징어볶음

입맛 없는 날 오징어볶음 하나면 다른 반찬이 필요 없죠. 감칠맛과 채소의 식감 둘 다 살릴 수 있는 매콤달콤한 오징어볶음 레시피를 소개해드릴게요. 매콤하게 볶아 상추쌈과 즐기셔도 좋고 덮밥처럼 즐기셔도 좋아요.

난이도	★★★☆☆
분량	2~3인분
조리시간	30~40분

대파는
2/3는 어슷썰고
1/3는 쫑쫑썰기
합니다.

⏱ 준비하기

기본재료

오징어 2마리(360g)
양파 1/2개
당근 1/3개
대파 15cm
새송이버섯 1개
식용유 2.5큰술
참기름 1큰술
통깨 약간

양념장

고춧가루 2큰술
설탕 1큰술
올리고당 1큰술
다진 마늘 1큰술
고추장 1큰술
양조간장 3큰술
연겨자 0.5큰술
소금 1꼬집
후춧가루 약간

1 오징어는 손질한 후 몸통 안쪽으로 정자(#)를 그리며 칼집을 냅니다. 1cmX5cm로 썰어주세요.

2 양파는 0.3cm 두께로 채썰어요. 당근은 반으로 잘라 0.3cm두께로 썰어줍니다. 새송이버섯은 1cmX5cm로 썰어주세요.

3 양념장은 비율대로 섞어줍니다.

4 프라이팬에 식용유를 1큰술 두르고 양파, 당근, 버섯, 어슷썰은 대파 2/3을 1분간 볶아주세요. 볶은 뒤 그릇에 덜어 식혀줍니다.

5 프라이팬에 식용유 1.5큰술 두르고 쫑쫑 썬 대파 1/3과 오징어를 넣고 30초간 센불로 볶습니다.

6 이어 프라이팬 중앙에 준비한 양념을 넣고 저어가며 15초간 끓인 뒤 오징어와 빠르게 섞습니다.

7 덜어둔 채소를 넣고 센불로 30초간 볶아주세요. 참기름과 통깨를 더해 마무리합니다.

211

Part5

주말 별식
12가지

외식에 의존했던 메뉴들을
집에서 쉽게 즐길 수 있도록
꿀팁을 더한 주말 별식 레시피를 소개합니다.

LA갈비찜

명절이나 생일상에 빠지지 않는 메뉴가 갈비찜이죠. LA갈비로 찜을 만들면 부드러운 식감이 무척 좋아요. LA갈비가 없으시다면 소갈비를 이용해 만드셔도 된답니다. 채소와 함께 국물을 조려내면 느끼한 맛도 덜해지죠. 갈비를 하나씩 뜨다 보면 어느새 뼈만 남아 있더라고요.

난이도	★★★☆☆
분량	3~4인분
조리시간	40~50분 (+양념장 재우는 시간 30분)

기본재료

갈비 1kg
물 600ml
당근 1/2개
양파 1/4개
무 1토막(150g)
표고버섯 4개
대파 20cm
건고추 4~5개(또는 청양고추
1~2개)
설탕 1큰술
소주 2잔
월계수잎 2장

양념장

대파 흰 부분 10cm
배즙 7~8큰술
간장 8큰술
맛술 3큰술
물엿 3큰술
설탕 2큰술
다진 마늘 1.5큰술
참기름 1큰술
후춧가루 약간
생강가루(또는 다진생강) 1작
은술

갈비 지방이 많으니 가위를 이용해 제거해주시면 좋습니다.

1 설탕 1큰술 녹인 물에 갈비를 담가 핏물을 빼줍니다. 30분 이상 담가둔 뒤 깨끗하게 헹궈주세요. TIP. 설탕은 핏물을 빠르게 빼 해주는 데 도움을 줍니다.

2 무와 당근은 3cm 두께로 사방썰기를 한 뒤 모서리 부분을 칼로 둥글게 다듬어 모양을 잡아줍니다. 대파는 쫑쫑 썰고 표고 버섯도 칼집을 내어 준비합니다.

3 물 1.5L를 붓고 끓으면 월계수잎 2장과 소주 2잔을 넣고 갈비를 4분간 데쳐줍니다.

4 데친 갈비와 미리 섞어둔 양념장을 넣고 재워줍니다. TIP. 바로 졸여도 되지만 30분 이상 양념장에 재운 후 졸이면 더 맛있어요.

5 물 600ml와 무, 당근을 넣은 뒤 센불에서 15분간 끓이다 중불로 줄인 다음 20분 정도 더 끓여줍니다.

6 국물이 자작해지면 쫑쫑 썬 대파와 버섯, 건고추를 넣고 센불로 올려 5분간 바짝 조려주세요.

삼계탕

여름철 보양식의 대표주자인 삼계탕을 제대로 만드는 비법을 알려드릴게요. 우선 잡내 없이 만들려면 닭 손질이 중요합니다. 마지막에는 콩가루와 들깻가루, 소금을 섞어 넣어주는 것이 맛집 못지않는 맛을 내는 비법입니다. 누룽지는 선택이지만 같이 넣어 드시면 구수하고 맛있어요.

난이도	★★★☆☆
분량	2~3인분
조리시간	50~60분

기본재료

물 2L
5호 닭 2마리(500gX2)
마늘 8알
대파 1대
볶은 콩가루 2/3큰술
들깻가루 1.5큰술
소금 0.5큰술
시판 삼계재료 100g

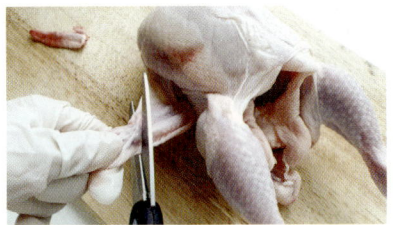

1 닭 날개 부분에 피가 많이 몰려 있으니 가위를 이용해 잘라주세요.

> 기름기 있는 부분은 가위로 잘라주세요.

2 닭다리 양쪽과 배 안쪽으로 닭껍질이 말려 있어요. 꺼내서 잘라주고 닭 꽁지도 제거합니다.

> 닭 안쪽엔 지저분한 기름기와 부유물이 많아 제거하고 끓여야 국물이 깔끔합니다.

3 닭 뱃속에 재료를 넣기 전에 배 안쪽과 겉면을 세척하고 뜨거운 물을 골고루 부어줍니다.

> 국물에 넣는 것보다 배에 넣어주면 국물이 깔끔합니다.

4 이어 키친타월로 배 안쪽 부분을 잘 닦고 시판 삼계재료와 마늘을 넣어줍니다. <u>TIP. 마늘을 넣어주면 닭 냄새를 잡을 수 있어요.</u>

5 다리 안쪽 질긴 껍질 부분에 가위나 칼을 이용해 3cm 정도 구멍을 냅니다.

6 구멍 안쪽으로 한 쪽 다리를 엇갈려 끼워주세요.

MJ의 한 끗

누룽지는 에어프라이어로 만들 수 있어요. 에어프라이어에 종이호일을 깔고 손에 물을 묻혀가며 밥을 0.5cm 두께로 평평하게 깔아준 뒤 180도 20분 뒤집고 10분 구워 주셔도 좋습니다.

7 물 2L와 남은 삼계 재료, 대파 1대를 반으로 잘라 넣어줍니다. 닭을 넣은 뒤 뚜껑을 덮고 센불로 15분, 중약불로 20분 정도 더 끓여주세요.

8 들깻가루 1.5큰술, 볶은 콩가루 2/3큰술, 소금 0.5큰술을 물에 개어 넣어줍니다. 소금은 기호에 따라 넣어주세요.

닭볶음탕

어찌 만들어도 참 맛있는 요리지만 양념에 양파를 갈아 넣고 만들면 닭고기 잡내도 잡을 수 있을 뿐 아니라 깊은 감칠맛도 낼 수 있어요. 레시피대로 만드시면 웬만한 전문점 못지않은 맛으로 완성될 거예요. 떡볶이 떡을 약간 넣어도 어울림이 좋아요.

난이도	★★★☆☆
분량	3~4인분
조리시간	40~50분

기본재료

닭 1kg~1.2kg
감자 2개
당근 1/2개
대파 1대
소주 1/2컵
물 600ml
양파 1/2개

양념장

간장 7큰술
고춧가루 2큰술
고추장 4큰술
물엿 2큰술
설탕 2큰술
맛술 2큰술
다진 마늘 1큰술
후춧가루 약간
생강가루(또는 다진생강) 1작
은술

1 양파 1/2개는 갈아서 준비해요.

전날 냉장고에서 숙성시키면 더 맛있어요.

2 양념장을 준비하고 간 양파를 섞어줍니다

3 대파 1대는 4~5cm 길이로 썰고 당근 1/2개는 1.5cm 두께로 썰어줍니다. 감자 2개는 4등분해요.

4 닭은 깨끗하게 씻고 냄비에 닭이 잠길 정도의 물을 준비합니다. 끓어오르면 소주 1/2컵을 넣고 3~4분간 데쳐주세요.

5 물 600ml를 넣고 데친 닭을 넣어 끓입니다. 끓어오를 때 거품은 건져주세요. 이어 양념장을 넣어줍니다.

6 중불로 8~9분 끓여주다 감자, 당근, 대파를 넣어주세요.

7 국물이 1/3로 줄어들 때까지 졸여낸 후 불을 끄고 접시에 담아주세요.

부대찌개

홈메이드 부대찌개 맛을 보면 부대찌개는 집에서 요리해 먹어야 한다는 걸 깨닫게 됩니다. 푸짐하고 진한 국물 맛이 일품이거든요. 어떤 맛집도 홈메이드 맛을 따라올 수 없다고 생각해요. 자주 만들어 먹고 싶다면 양념장은 넉넉히 만들어 냉장 보관하면 편해요.

난이도	★ ★ ★ ☆ ☆
분량	3~4인분
조리시간	40~50분

기본재료

멸치다시마육수(또는 시판 사
골육수) 1.2L
스팸 1캔(200g)
비엔나소시지 1컵(200g)
쫑쫑 썬 김치 1컵
두부 1/2모
양파 1/2개
콩나물 2줌(100g)
대파 15cm
청양고추 1/2개
홍고추 1/2개
슬라이스 치즈 1장
돼지고기 다짐육(또는 소고기)
200g

양념장

고추장 1큰술
참치액젓(또는 멸치액젓) 1.5큰술
간장 1큰술
고춧가루 2큰술
다진 마늘 1큰술
설탕 0.5큰술
생강가루 약간(선택)
후춧가루 약간(선택)

 MJ의
한 끗

개운한 느낌을 원한다면 멸치
다시마육수를, 진하고 부드러
운 국물을 원할 때 시판 사골
육수를 사용하세요. 다짐육은
소고기와 돼지고기를 반반 섞
어 준비하거나 둘 중 한 종류
만 준비하셔도 좋습니다. 샤브
샤브용 소고기나 차돌박이를
넣어도 좋아요.

1 대파 15cm는 쫑쫑 썰고 양파 1/2개는 채
썰고 두부 1/2모는 1cm 두께로 썰어줍니
다. 청양고추와 홍고추는 어슷썰고 콩나
물은 세척해서 준비해요.

고기는
핏물을 제거하고
사용하세요

2 김치는 잘게 다져 1컵 정도 준비하고 양념
장은 비율대로 섞어 준비합니다.

3 스팸 1캔은 0.6cm 두께로 썰고 비엔나소
시지는 0.5cm 두께로 어슷썰어 준비해
요. 슬라이스 치즈 1장은 반으로 잘라 준
비합니다.

재료를 반 나눠
마주보게 해주면
모양이 예뻐요

4 냄비 맨 아래에 콩나물을 깔고 김치, 돼지
고기 다짐육을 중앙에 올리고 나머지 재
료를 삥 둘러가며 올려줍니다.

5 양념장을 올리고 청양고추, 홍고추, 대파,
슬라이스 치즈를 올린 후 육수를 넣고 끓
여가며 즐기세요. TIP. 시판 사골육수의 맛
이 느끼하다면 사골육수와 다시마육수를 반
반 섞어보세요.

밀푀유나베

밀푀유는 '겹겹이 쌓은 천개의 입사귀' 라는 뜻이에요. 페이스트리 반죽 사이에 필링을 채워낸 프랑스 과자와 일본식 나베가 합쳐진 말입니다. 모양새가 좋아 손님 초대요리로 만들어도 좋죠. 들이는 수고로움에 비해 결과물이 만족스러운 요리입니다.

기본재료

소고기 300g
알배기배추 10~12장
깻잎 20~24장
숙주 3줌(150g)
청경채 1~2개
당근 2조각
버섯(기호에 따라)
멸치다시마육수 1L
쯔유 4큰술(또는 가쓰오장국 8큰술)
액젓(또는 국간장) 2큰술
시판 스위트칠리소스 1/3컵

땅콩소스

땅콩버터 3큰술
맛술 2큰술
레몬즙 2큰술
물 1큰술
간 참깨 0.5큰술
꿀 0.5큰술
소금 1꼬집

유자폰즈소스

간장 4큰술
레몬즙 1큰술
맛술 1큰술
물 1큰술
올리고당 1큰술
유자청(또는 매실청) 1큰술

MJ의 한 끗

나베 안에 들어가는 소고기는 소불고기, 차돌박이, 채끝살 등 샤브샤브가 가능한 고기면 모두 가능해요.

1 소고기는 핏물을 제거합니다. 배추 위에 깻잎 2장을 올려주고 소고기를 올립니다.

2 배추, 깻잎, 소고기 순서로 차곡차곡 올려주세요. TIP. 이때 층마다 배추 방향을 다르게 올리면 두께가 맞아서 안정감이 있어요.

3 겹겹이 쌓아 4~5cm 길이로 썰어주세요.

4 전골냄비를 준비하고 바닥에 숙주를 깔아줍니다. 냄비 끝부터 차곡차곡 담아 촘촘하게 냄비를 채워주세요.

마무리에 만두와 면사리 등을 추가하고 다진 채소와 계란을 섞어 계란죽을 끓여드셔도 좋습니다.

5 배추 사이에 청경채를 끼워주고 버섯이 있다면 함께 넣어줍니다. 당근은 편으로 썰어 삼각형 모양으로 잘라 꽃 모양을 만들어 올립니다.

6 멸치다시마육수에 쯔유 4큰술과 액젓 2큰술을 섞어 육수를 만들어요. 냄비에 육수를 붓고 끓여가며 드세요. 땅콩소스, 유자폰즈소스, 스위트칠리소스와 함께 드세요.

감바스

시원한 맥주 한 잔이 절로 생각나는 메뉴 감바스를 소개합니다. 통통한 새우와 알싸한 마늘의 조합, 바삭한 빵 위에 듬뿍 올려 먹으면 감탄사가 절로 나온다죠. 피쉬소스로 간을 해야 감칠맛이 제대로지만 다른 액젓으로 간을 맞추셔도 좋아요.

난이도	★★☆☆☆
분량	20～30인분
조리시간	20～30분

기본재료

새우 중대 사이즈 20마리(300g)

마늘 10알

페페론치노 5개

올리브유 1컵(200ml)

브로콜리 1/4송이(선택)

방울토마토 10개

소금(또는 허브솔트) 약간

통후추 약간

피쉬소스(또는 멸치액젓) 1큰술

바게트 5~6조각

1 냉동 생새우살은 찬물에 담가 해동한 후 키친타월로 물기를 빼주세요. 마늘은 얇게 편으로 썰어줍니다.

2 달군 프라이팬에 올리브유 1컵과 편마늘, 페페론치노 5개를 넣고 중약불로 3분간 끓여요.

3 세척한 브로콜리 1/4송이와 방울토마토 10개 정도를 넣습니다.

4 이어 새우를 넣고 3분간 더 끓여주세요.

MJ의 한 끗

피쉬소스는 동남아 요리에 많이 사용하는 소스로 멸치액젓으로 대신할 수 있습니다.

5 피쉬소스 1큰술을 더하고 30초간 섞어주며 끓여주세요. 소금과 후춧가루를 약간씩 더하고 불을 끕니다.

6 바게트를 바삭하게 구워 감바스를 올려드세요.

마파두부

중국집에서나 먹을 수 있는 요리라 생각하시는 분들도 계시는데 사실 만들어 보면 카레, 짜장만큼이나 쉽게 만들 수 있어요. 원래 마파두부에는 두부만 들어가지만, 집에서 만드실 때 애호박이나 양파 같은 채소를 더해도 좋아요. 영양과 맛이 더 풍부해져요.

난이도	★★★☆☆
분량	2~3인분
조리시간	20~30분

준비하기

기본재료
물 200ml
돼지고기 다짐육 200g
두부 1모
양파 1/2개
애호박 1/3개
청양고추 1개
대파 15cm
식용유 2큰술
다진 마늘 1큰술
고춧가루 1큰술
참기름 1큰술

마파소스
양조간장 1큰술
간장 1큰술
굴소스 1큰술
두반장 2.5큰술
올리고당 1.5큰술
물 200ml

녹말물
감자전분 1.5큰술
물 3큰술

MJ의 한 끗

앞서 소개한 스팸가지덮밥 (p.96) 레시피에도 두반장이 들어가니 양념을 적극 활용해 보세요.

1 두부 1모는 2cm 크기로 사방썰고 애호박 1/3과 양파 1/2개는 1.5cm 크기로 사방썰어요.

2 대파 15cm와 청양고추 1개도 쫑쫑 썰어주세요.

3 식용유 2큰술을 두르고 다진 마늘, 대파를 볶아 파기름을 냅니다. 돼지고기 다짐육 200g을 넣고 겉면만 익을 정도로 볶아요.

4 애호박과 양파를 넣고 30초 정도 더 볶다가 고춧가루 1.5큰술 넣고 다시 30초 정도 볶습니다.

5 물 200ml와 미리 준비한 마파소스를 넣고 청양고추를 더해 볶습니다.

6 두부를 넣고 3~4분 살살 저어가며 끓입니다. 녹말물을 삥 둘러가며 뿌리고 바로 저어 덩어리지지 않게 합니다. 불을 끄고 참기름 1큰술 넣고 섞어 접시에 담습니다.

227

차돌박이 숙주볶음

차돌의 고소한 맛과 아삭한 숙주의 조합이 사랑스러운 메뉴입니다. 손님상에 올려도 좋은 요리예요. 보통 소스를 넣고 볶는데 그렇게 볶을 경우 바로 먹지 않으면 물이 생겨요. 시간이 지나도 맛있게 먹고 싶으시다면 채소와 고기를 따로 볶은 뒤 미리 만들어 둔 소스에 찍어 드시면 됩니다.

난이도	★★★☆☆
분량	2인분
조리시간	20~30분

기본재료

차돌박이 200g

숙주 250g

양파 1/2개

마늘 5알

식용유 3큰술

소금 1작은술

간장 1큰술

맛술 1큰술

설탕 1작은술

양념장

간장 3큰술

맛술 3큰술

식초 3큰술

설탕 1.5큰술

다진 청양고추 1개

다진 홍고추 1/2개

다진 대파 2큰술

1 양념장은 비율대로 섞어 준비해요.

2 차돌박이 200g은 해동한 뒤 키친타월에 올려 핏물을 빼고 사용해요.

빠르게 식혀야 숙주 식감이 아삭해요.

3 마늘 5알은 편으로 썰어주고 양파 1/2개는 채썰어주세요.

4 식용유 1큰술을 두르고 양파를 30초 볶다가 숙주를 넣고 40초간 볶아주세요. 마무리에 소금 1작은술을 골고루 뿌려 밑간하고 불을 끕니다. 볶은 양파와 숙주는 따로 옮겨 두세요.

5 식용유 2큰술을 두르고 마늘을 앞뒤 노릇하게 굽습니다.

6 해동한 고기를 넣고 볶다가 겉면이 익어가면 간장과 맛술 각 1큰술, 설탕 1작은술을 넣고 밑간하고 불을 끕니다. 고기 기름을 제거하고 완성된 차돌박이 숙주볶음을 양념장에 찍어드세요.

찜닭

닭요리를 좋아해서 평소에도 찜닭을 자주 해먹곤 해요. 다양한 버전이 있지만
가장 간단하게 맛을 낼 수 있는 레시피를 소개해봅니다. 당면은 꼭 넣는 것을
추천드려요. 가끔 당면이 주인공인지 닭이 주인공인지 헷갈릴 만큼 그 맛이 좋
답니다. 마지막에 고추를 넉넉히 넣어 매콤하게 즐기셔도 좋아요.

| 난이도 ★★★☆☆ |
| 분량 3~4인분 |
| 조리시간 40~50분 |

기본재료

닭 1kg
물 500ml
식용유 1.5큰술
감자 1개
고구마 1개
당근 1/2개
양파 1/2개
베트남 건고추(또는 페페론치노) 5~6개
마늘 6~7개
대파 1대
참기름 1큰술
당면(또는 떡볶이 떡) 1줌(선택)

양념장

간장 100ml
설탕(또는 흑설탕) 2큰술
올리고당 80ml
맛술 3큰술
대파 15cm
다진 마늘 1큰술
다진 생강(또는 생강가루) 1작은술
후춧가루 약간

MJ의 한 끗

납작당면을 넣는 경우 미지근한 물에 1시간 이상 불린 뒤 사용하거나 시간이 없다면 찜닭에 넣기 전 미리 7~8분 삶은 뒤 넣어 주시는 것이 좋아요. 마무리에 시금치나 청경채 한 줌을 더해도 좋습니다.

1 양념장은 비율대로 섞어 준비합니다. 대파 일부는 양념장에 쓰고 일부는 4~5cm 길이로 썰어 준비해요.

2 양파 1/2개, 감자 1개, 고구마 1개는 4cmX 3cm 크기로 깍둑 썰어줍니다. 당근 1/2개는 1cm 두께로 썰어주세요. 마늘과 건고추도 준비해요.

3 식용유 1.5큰술을 두르고 대파와 마늘을 30~40초 볶아 향을 내줍니다.

> 닭고기는 씻은 뒤 뜨거운 물을 고기 겉면에 골고루 부어주면 더 깔끔한 맛이 나요.

4 깨끗하게 씻은 닭고기를 넣고 2~3분간 볶아주세요. 이 과정을 하면 닭고기 살이 탱탱해지고 잡내도 제거됩니다.

5 물 500ml와 만들어 둔 양념장을 넣어줍니다. TIP. 이때 인스턴트 커피가루 1작은술을 넣어주면 판매하는 찜닭 같은 색을 낼 수 있어요.

6 양념장을 넣고 7~8분 익히다 준비한 채소재료를 넣고 중약불로 7~8분 익힙니다. 이어 당면이나 떡을 추가하고 센불로 3~4분 끓여주세요. 불을 끄고 참기름 1큰술을 더해요. TIP. 매운 맛이 부족하다면 청양고추를 약간 더해요.

쌍화탕 수육

MJ표 꿀맛 수육 레시피입니다. 클래스 수업용으로 연구해 두었던 레시피예요.
된장은 삶을 때 넣지 않고 고기 겉면에 바른 후 프라이팬에 골고루 구워준 뒤
쌍화탕을 넣고 삶는 방식입니다. 평소 먹던 수육과는 다른 풍미와 맛을 느끼실
수 있어요.

난이도	★★★★☆
분량	2~3인분
조리시간	60분

준비하기

기본재료

삼겹살 600g
된장 1큰술
맥주 200ml
물 1.4L
쌍화탕 1병
굴소스 1큰술
간장 1큰술
통마늘 5〜6알
생강 1톨
대파 1/2대
월계수잎 3〜4장

부추겉절이 양념장

부추 3줌(150g)
식초 2큰술
간장 2큰술
꿀(또는 올리고당) 2큰술
고춧가루 1큰술
연와사비 1/2큰술

MJ의 한 끗

이 레시피에서 소개한 부추
겉절이와 함께 수육을 즐겨보
세요. 앞서 소개된 간장 깻잎
장아찌(p.174)와도 정말 잘 어
울려요.

1 삼겹살 600g에 된장 1큰술을 골고루 바르
고 20〜30분간 둡니다.

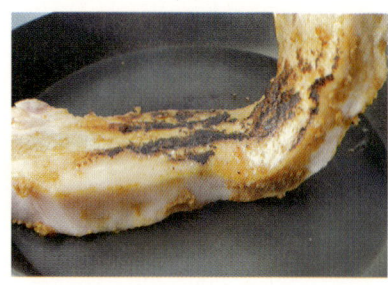

2 프라이팬을 달구고 고기 각 면을 스테이
크 굽듯 2분씩 굽습니다. 크기가 크다면
반으로 자르고 구워주셔도 좋아요. 이 과
정에서 고기 기름은 빠지고 풍미가 살아
납니다.

3 냄비에 물 1.4L, 쌍화탕 1병, 맥주 200ml,
간장 1큰술, 굴소스 1큰술을 넣어주세요.

4 통마늘 5〜6알, 생강 1톨, 대파 1/2대, 월
계수잎 3〜4장을 넣고, 뚜껑을 덮은 뒤 끓
기 시작하면 중불로 줄입니다. 45분간 삶
아주세요.

5 원하는 두께로 썰어 접시에 담아냅니다.

6 부추는 잘 씻고 물기를 빼준 뒤 양념장을
섞어 수육과 곁들여 먹습니다.

반반 오뎅탕

날씨가 쌀쌀해지기 시작하면 옹기종기 모여 골라 먹는 재미가 있는 오뎅탕입니다. 매콤한 양념이 배인 물떡과 빨간 어묵을 먹는 재미도 좋고 시원하고 맑은 국물의 어묵을 먹는 재미도 좋아요. 마무리로 라면 사리를 넣어 드셔보세요. 특별한 요리를 즐긴 기분이 든답니다.

난이도	★★★☆☆
분량	2~3인분
조리시간	30~40분

준비하기

기본재료

꼬치어묵 10개

가래떡 6개

대파 20cm

만두 8개(선택)

라면사리 1개(선택)

물 2L

무 1토막(120g)

건새우 1/2컵

다시마 3조각

멸치 15마리

기본맛 육수재료

쯔유 2큰술

소금 약간

매운맛 육수재료

쯔유 2큰술

고춧가루 2큰술

고추장 1큰술

액젓 2큰술

다진 마늘 0.5큰술

올리고당 2큰술

MJ의 한 끗

어묵탕 기본맛의 간장소스는 간장 3큰술, 식초 0.5큰술, 다진 마늘 1작은술, 다진 대파 1큰술, 깨 약간을 섞어 준비합니다. 기호에 따라 청양고추나 고추냉이를 곁들여드세요.

건새우가 육수맛을 좌우해요!

1 멸치는 내장을 제거하고 볶아 비린내를 없앱니다. 물 2L와 건새우, 무, 다시마를 넣고 끓어오르면 중약불로 줄여 3~4분 후 다시마를 건지고 나머지 재료는 10분 안쪽으로 끓입니다.

2 어묵탕의 매운맛 육수 재료에서 육수를 제외한 양념을 비율대로 섞어주세요.

3 어묵을 꼬치에 꽂고 가래떡도 끼워 준비해요. 가래떡은 말랑한 상태보다 겉면이 살짝 굳어 있는 상태가 끓인 후 흐물해지지 않아 좋습니다. TIP. 시판 꼬치어묵을 사용하셔도 편리합니다.

4 끓인 육수에 준비한 육수재료를 반반씩 넣어줍니다. TIP. 새우, 홍합, 바지락류, 꽃게 중 선택해서 육수에 넣어주시면 맛이 배가 됩니다.

5 떡과 어묵, 대파를 넣고 끓여가며 재료가 익으면 건져먹습니다. TIP. 만두를 넣어도 맛있고 마지막 국물에 라면사리를 넣고 즐겨도 맛있어요.

꽃게탕

봄엔 암게, 가을엔 수게가 제철인데요. 제철에 맞는 꽃게를 보글보글 탕으로 끓여내면 국물맛이 최고죠. 신선한 상태의 게는 된장물을 연하게 잡고, 덜 신선한 상태의 게는 고추장을 조금 더해 약간 진하게 끓이면 좋답니다.

난이도 ★★★★★
분량 3~4인분
조리시간 40~50분

기본재료

꽃게 3마리
된장 1큰술
멸치다시마육수 900ml
나박썬 무 2줌(100g)
양파 1/2개
콩나물 2줌(100g)
대파 15cm
팽이버섯 1개
쑥갓(또는 미나리) 1/2줌
홍고추 1개(또는 청양고추 1/2개)
애호박 1/4개
굵은 소금 약간

육수재료

물 1.4L
국물용 멸치 10마리
건새우(또는 보리새우) 1줌
다시마 2조각(4cmX4cm)
대파 10cm

양념장

고춧가루 1.5큰술
맛술 4큰술
다진 마늘 1큰술
다진 생강(또는 생강가루) 1작은술
새우젓 1큰술

1 국물용 멸치 10마리는 내장을 제거하고 준비합니다.

2 멸치는 프라이팬에 볶아 비린내를 날려주고 고소한 향이 나면 육수를 냅니다.

건새우를 넣어주면 감칠맛이 더 좋습니다.

3 육수재료를 끓입니다. 물이 끓으면 중약불로 줄이고 3~4분 후 다시마는 건집니다. 나머지 재료는 10분 정도 더 끓여주고 불을 끕니다. 건더기는 건져주세요.

4 나박썬 무 2줌과 애호박 1/4개는 반달모양으로 썰어주세요. 양파 1/2개는 채썰어주세요. 콩나물 2줌도 같이 준비해요.

5 청양고추와 홍고추를 준비합니다. 팽이버섯과 대파, 쑥갓이나 미나리 1/2줌을 준비합니다. TIP. 쑥갓이나 미나리는 꽃게의 비린내를 잡아줍니다.

6 양념장을 만듭니다.

7 육수 900ml에 된장 1큰술을 풀고 콩나물과 무, 양파를 넣습니다. 물이 끓어오르면 애호박을 넣어주세요.

8 손질한 꽃게를 넣어줍니다.

9 양념장을 넣고 중강불로 3~4분 끓이면서 거품이 올라오면 걷어냅니다.

10 부족한 간은 굵은 소금을 더합니다. 팽이버섯과 쑥갓, 대파와 홍고추를 올려 마무리해요. 쑥갓이나 미나리를 올린 후엔 오래 끓이면 향이 날아가니 오래 끓이지 않습니다.

Part6

디저트
9가지

계절마다 나오는 제철 재료를 활용해 만드는
홈메이드 디저트를 소개합니다.

딸기청&리얼딸기우유

딸기가 제철인 계절에 만드시면 리얼딸기우유를 맛볼 수 있어요. 달콤하고 향
긋한 생딸기우유 맛에 빠지면 헤어나올 수 없다죠. 아이와 함께 만드셔도 좋답
니다. 만들 때 온 집안에 딸기 향이 가득해 기분까지 좋아져요.

난이도	★★☆☆☆
분량	10회
조리시간	20~30분

기본재료
딸기 500g
설탕 450g
레몬즙 4~5큰술
식초 약간(세척용)

1 식초를 약간 떨군 물에 흔들흔들 딸기를 가볍게 세척합니다.

2 세척한 딸기는 키친타월 위에 올려줍니다. 꼭지를 제거하며 손질해주세요.

3 키친타월을 이용해 딸기 겉면의 수분을 최대한 제거합니다. TIP. 수분이 많으면 곰팡이가 필 위험이 있어요.

4 딸기 1/10분량은 따로 다져주세요. 딸기가 씹히기 때문에 식감이 좋습니다

5 딸기를 볼에 담고 주물러주세요. .

6 설탕 450g과 레몬즙 4~5큰술을 넣고 잘 섞어줍니다.

MJ의 한 끗

딸기청은 약 2주동안 냉장고에 두고 드실 수 있어요. 보관기간이 길지 않으니 한꺼번에 많은 양을 만드시는 건 추천하지 않아요.

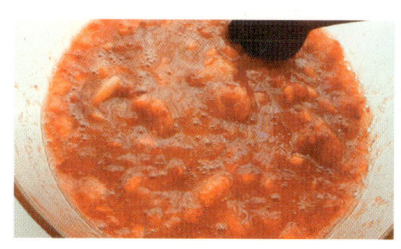

7 소독한 병에 담아 보관하세요. 우유와 딸기청 비율을 5:1로 넣고 섞으면 리얼 딸기우유가 됩니다.

리코타치즈

리코타치즈는 이탈리아어로 ri(다시)cotta(끓이다)라는 뜻으로, 우유를 한번 끓여서 만들어진 유청을 다시 끓인다는 의미가 있어요. 우리가 알고 있는 리코 타치즈는 우유를 한 번만 끓여 사실은 코티지치즈에 가깝다고 해요. 만드는 방법은 간단하니 집에 남은 우유가 있다면 만들어보세요.

난이도	★★☆☆☆
분량	10회
조리시간	20〜30분

기본재료
우유 1L
생크림 500㎖
소금 1작은술
설탕 1작은술
식초 5큰술
레몬즙 3큰술

1 우유 1L와 생크림 500㎖, 식초 5큰술, 레몬즙 3큰술, 소금 1작은술, 설탕 1작은술을 준비해요. TIP. 저지방우유나 칼슘우유를 사용하시면 치즈가 잘 안 만들어져요. 원유를 사용해주세요.

2 우유, 생크림, 소금, 설탕을 넣고 가볍게 섞고 약불로 냄비를 데웁니다. 치즈를 만드는 온도는 80~90도가 적당합니다. TIP. 센불로 끓이게 되면 바닥은 타고 치즈가 잘 만들어지지 않아요.

3 끓어오르려고 할 때 식초 5큰술과 레몬즙 3큰술을 넣어줍니다. 아주 느린 속도로 3~4번 섞어주세요. 10분간 끓이고 중간중간 느린 속도로 1~2번 더 저어줍니다.

4 순두부처럼 치즈가 뭉쳐지기 시작하면서 맑고 노란물 유청이 보일 거예요. 삼배주머니나 면보를 준비하고 유청과 치즈를 분리합니다. TIP. 식초는 사과식초를 추천해요.

**MJ의
한 끗**

리코타치즈는 우유와 식초만 넣고 만들어도 되지만 부드러운 맛이 덜해 생크림을 더하면 더 좋아요. 생크림이 없을 땐 시중에 판매하는 생크림요거트를 1~2개 더해 끓여서 만들어도 됩니다. 남은 유청은 인도 정통 음료인 라씨를 만들 수도 있어요. 우유 100㎖, 유청 100㎖, 레몬즙 2작은술, 꿀이나 시럽 1~2작은술을 섞으면 완성이에요. 또한 세수할 때 사용하면 피부도 보들보들해져요.

5 입구를 돌돌 묶어주고 손바닥으로 지그시 수분을 짜주세요. 너무 수분을 많이 짜면 치즈가 퍽퍽해져요.

6 위에 무거운 그릇을 올려주고 2시간 정도 후 치즈를 냉장 보관합니다. TIP. 일주일간 보관이 가능합니다.

토마토마리네이드

방울토마토가 익으면 의사의 얼굴이 파래진다는 말이 있어요. 그만큼 토마토가 몸에 좋다는 의미겠죠? 토마토는 올리브유와 함께 먹으면 영양소 흡수율이 훨씬 높아진다는 것은 꿀팁입니다. 식사 후에 요리를 먹으면 발사믹 식초의 풍미와 유자청의 향긋함 때문에 입이 개운해진답니다.

준비하기

기본재료
방울토마토 500g

절임소스
유자청 3큰술
매실청(또는 오미자청) 3큰술
올리브오일 3큰술
다진 양파 2큰술
발사믹식초(또는 일반식초) 2큰술
소금 1꼬집

데칠 때
소금 1작은술
물 600~700ml

1 방울토마토 500g은 윗 부분에 열십자로 칼집을 내주세요. TIP. 칼로 하면 번거롭기 때문에 가위 끝으로 살짝만 집어주셔도 좋습니다.

2 물 600~700ml, 소금 1작은술을 물에 넣고 끓여주세요. 물이 끓으면 방울토마토를 넣고 20초간 데친 뒤 건져줍니다.

3 꺼낸 방울토마토를 찬물에 담가 식히고 껍질을 벗겨주세요.

4 껍질 벗긴 방울토마토에 절임소스를 넣고 잘 섞어줍니다. 냉장고에서 반나절 이상 숙성시킨 뒤 시원한 상태로 드세요.

MJ의 한 끗

냉장고에서 일주일 정도 보관이 가능합니다. 방울토마토와 함께 올리브를 넣어도 좋아요.

홈메이드 복숭아 병조림

매년 복숭아 철이 되면 병조림을 만들곤 하는데 향긋하고 쫀득한 식감에 반해
순식간에 먹게 됩니다. 맛없는 복숭아를 변신시키기도 좋고 선물용으로도 좋
답니다. 조금 단단한 식감의 복숭아를 활용해 만들어야 더 맛있어요.

기본재료

복숭아 7개
물 700ml
황설탕 230ml
소금 2꼬집
슬라이스 레몬 2~3조각(또는
레몬즙 2큰술)
베이킹소다 3~4큰술(세척용)

1 베이킹소다를 풀어둔 물에 복숭아를 10분 정도 담갔다가 흐르는 물에 깨끗하게 문 질러가며 세척합니다.

2 복숭아 조림 담을 병은 열탕 소독해요.

3 복숭아는 껍질을 제거하고 2~2.5cm 두 께로 조금 도톰하게 자릅니다.

4 복숭아 7개 기준 물 700ml를 준비합니다. 복숭아 껍질을 먼저 넣고 2~3분간 끓여 우려냅니다.

5 우려낸 복숭아 껍질을 건져주세요.

소금은 단맛을 극대화시켜줘요.

6 껍질을 우려낸 물에 황설탕 230ml, 소금 2꼬집을 넣어준 뒤 복숭아 과육을 넣어줍 니다.

MJ의 한 끗

복숭아 조림을 조린 다음 식 히고 한번 더 조리는 이유는 이 과정에서 쫀득한 식감이 살아나기 때문이에요.

7 끓이면서 거품은 건져주세요. 끓기 시작 하면 8~9분 끓입니다. 불을 끄고 식혀주 세요.

식혔다가 끓이는 과정으로 조리하면 과육이 더 쫀득해요.

8 온도가 미지근해지면 다시 불을 켜고 중 불로 7~8분간 끓여줍니다. 슬라이스 레 몬 2~3조각을 넣어 마무리해요.

사과조림잼&사과피자

난이도 ★★☆☆☆

분량 약 20회분

조리시간 40~50분

개인적으로 사과파이를 좋아해 사과가 넉넉할 땐 사과조림을 만들어 베이킹에 사용하곤 했어요. 또띠아 위에 올려 피자로 만들면 정말 맛있는 간식이 완성돼요. 식빵 위에 올려 드셔도 좋고 피자로 즐기셔도 좋은 요리를 소개해드립니다.

기본재료
사과 4개(1200g)
설탕 1컵
레몬즙 1/3컵
슬라이스 레몬 2~3조각
물 2컵

사과피자 재료
사과조림잼 3~4큰술
또띠아 1장
크림치즈 2큰술
피자치즈 1컵

1 사과 4~5개를 준비합니다. 설탕 1컵과 레몬즙 1/3컵, 물 2컵을 준비하세요.

2 사과는 깨끗하게 씻고 잘게 잘라줍니다.
TIP. 껍질이 불편하신 분들은 과육만 사용 하셔도 되지만 껍질째 사용하시는 것을 추 천해요.

3 냄비에 사과, 설탕, 레몬즙, 물을 넣고 센 불로 끓이다 끓어오르면 중약불로 줄이고 조려주세요.

4 조리면서 생기는 거품은 건져주세요. 슬 라이스 레몬이 있다면 2~3조각 넣으면 훨씬 상큼한 맛이 됩니다.

취향에 따라 시나몬 가루를 약간 넣어주셔도 좋습니다.

5 저어가며 윤기가 날때까지 조려주고 불을 꺼주세요.

6 또띠아 위에 크림치즈를 바르고 사과조림 잼을 골고루 올린 뒤 피자치즈를 듬뿍 올려 주세요. 에어프라이어에 185도로 5~6분 구워주거나 프라이팬에 올려 뚜껑 덮고 약 불로 1~2분간 구워주셔도 좋습니다.

 MJ의 한 끗

사과조림잼은 소독한 병에 넣 어두고 냉장보관하면 3개월 정 도 드실 수 있어요. 프렌치 토 스트에 활용하셔도 좋답니다.

밤잼

우리집에 밤 귀신들이 사는 덕분에 매년 가을마다 밤을 많이 사게 됩니다. 김치냉장고에서 숙성시키면 맛없는 밤도 맛있어지지만, 그냥 먹기 애매한 밤을 만났을 땐 잼으로 변신시키곤 해요. 바밤바 맛이 나는 밤잼은 빵 위에 발라 먹어도 좋고 따끈한 우유에 타서 밤 라떼로 즐겨도 좋답니다.

난이도	★☆☆☆☆
분량	약 15회분량
조리시간	30~40분

기본재료
삶은 밤 2컵
물 2컵
설탕 1컵
꿀(또는 올리고당) 1컵

1 속을 파낸 삶은 밤 2컵을 준비합니다. 같은 비율로 물 2컵을 준비해요.

2 냄비에 삶은 밤과 물을 넣고 설탕 1컵을 넣습니다.

3 끓어오르면 약불로 줄이고 저어주며 잼을 졸여줍니다. 졸이면서 굵은 밤들은 눌러가며 으깨주세요.

4 바짝 졸여지면 불을 끕니다.

MJ의
한 끗

삶은 밤, 물, 설탕 비율은 1:1:1 입니다. 이때 설탕과 꿀을 각 0.5씩 넣어 단맛을 조절해주면 농도도 부드러워지고 인공 조미료를 줄여 건강까지 챙길 수 있어요.

5 꿀이나 올리고당 1컵을 섞어주고 열탕 소독한 병에 담습니다.

꿀생강청

늦가을이 시작되면 매년 생강청을 담고 있어요. 손질하는 게 번거로워 큰마음 먹고 해야 하는 일이지만, 만들어 두면 겨우내 보약 같은 음식이라 그냥 지나칠 수 없더라고요. 물에 타서 먹는 생강차도 좋지만, 우유에 타서 먹는 진저라떼의 맛은 정말 일품이에요.

| 난이도 ★★★★☆ |
| 분량 약 60회분량 |
| 조리시간 60분(+생강 착즙 및 녹말 가라앉히는 시간 2시간 30분) |

기본재료
생강 3kg(또는 생강즙 1.8L)
배 3개(또는 시판 배음료 900ml)
비정제 설탕 1kg
꿀(또는 조청) 500g

1 생강은 마디를 부러뜨려주고 깨끗하게 세척한 후 껍질을 벗겨주세요. 이어 착즙하기 좋은 크기로 썰어줍니다.

2 믹서기나 착즙기를 이용해서 만들 수 있어요. 착즙기가 없다면 믹서기에 갈고 면보에 넣어 꼭 짜서 즙을 내줍니다.

3 착즙한 생강즙은 2시간 정도 그대로 두세요. 가라앉은 전분가루는 버리고 윗물만 사용합니다.

4 배는 착즙하거나 시판 배음료를 준비해주세요. 생강즙과 배즙의 비율은 2:1 정도입니다.

중간에 생기는 거품은 그대로 두고 마지막에 한 번 건져줍니다.

5 큰 냄비를 준비해 생강즙과 배즙을 넣고 비정제 설탕 1kg을 넣어줍니다. 센불로 끓이다 끓어오르면 중약불로 줄이고 거품을 건져주세요.

6 1시간 정도 그대로 끓여주세요. 중간 중간 체크해보며 한번씩 저어주세요.

MJ의
한 끗

비정제설탕은 정제 하지 않은 설탕이라 정제한 일반 설탕보다 혈당지수는 낮고 미네랄 성분이 많습니다. 비정제설탕을 사용하면 좋지만 없다면 일반 설탕을 사용해도 좋아요.

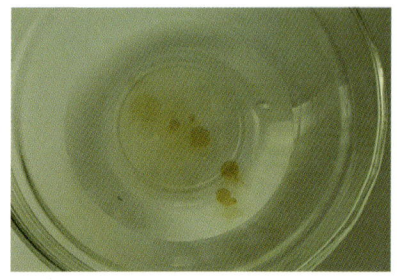

7 1/3의 양으로 줄어들면 윤기가 나기 시작합니다. 이때부터는 불 앞에서 타지 않게 잘 저어주세요. 걸쭉한 농도가 되면 불을 끕니다.

8 농도 맞추기 어려울 경우 차가운 물에 한 방울 떨어뜨려보세요. 사진처럼 모양이 굳었을 때 불을 끄면 된답니다.

9 불을 끄고 그대로 식힙니다. 다 식으면 꿀 500g을 더해 잘 섞어주고 열탕 소독한 병에 담습니다. 상온에서 일주일 정도 두었다가 냉장 보관하고 드세요.

MJ의 한 끗

생강청 만들 때 배를 넉넉히 넣으면 설탕도 줄일 수 있고 생강 매운맛도 부드러워집니다. 따끈한 우유에 생강청 1스푼을 듬뿍 떠서 잘 저어준 뒤 미니 거품기를 돌려주면 진저라떼 한 잔이 완성됩니다. 취향에 따라 시나몬 가루를 뿌려줍니다. 마지막에 불을 끄고 식혔다가 꿀을 넣는 이유는 식고나면 생강청 농도가 꾸덕해지는데 꿀로 농도를 맞출 수 있고 더불어 꿀의 영양소를 보존할 수 있기 때문이에요. 착즙하고 남은 생강과 배 건더기는 소분하여 냉동 보관하시면 요리에도 사용하실 수 있어요.

Index

오늘 뭐 먹지? 외식과 배달음식으로 지친 당신을 위한

집밥이 재테크다

1판 1쇄 발행 2021년 1월 4일
1판 2쇄 발행 2021년 5월 17일

지은이 김미진
발행인 김형준

편집 최예원
디자인 섬세한 곰 김미성

발행처 체인지업북스
출판등록 2021년 1월 5일 제2021-000003호
주소 서울특별시 은평구 수색로 217-1, 410호
전화 02-6956-8977 **팩스** 02-6499-8977
이메일 change-up20@naver.com
홈페이지 www.changeuplibro.com

© 김미진, 2021

ISBN 979-11-970659-9-6 13590

체인지업은 내 삶을 변화시키는 책을 펴냅니다.